JÜRGEN KRUSCHE
AYA DOMENIG

THOMAS SCHÄRER
JULIA WEBER

DIE FRAGMENTIERTE STADT

T0364979

jovis

INHALT

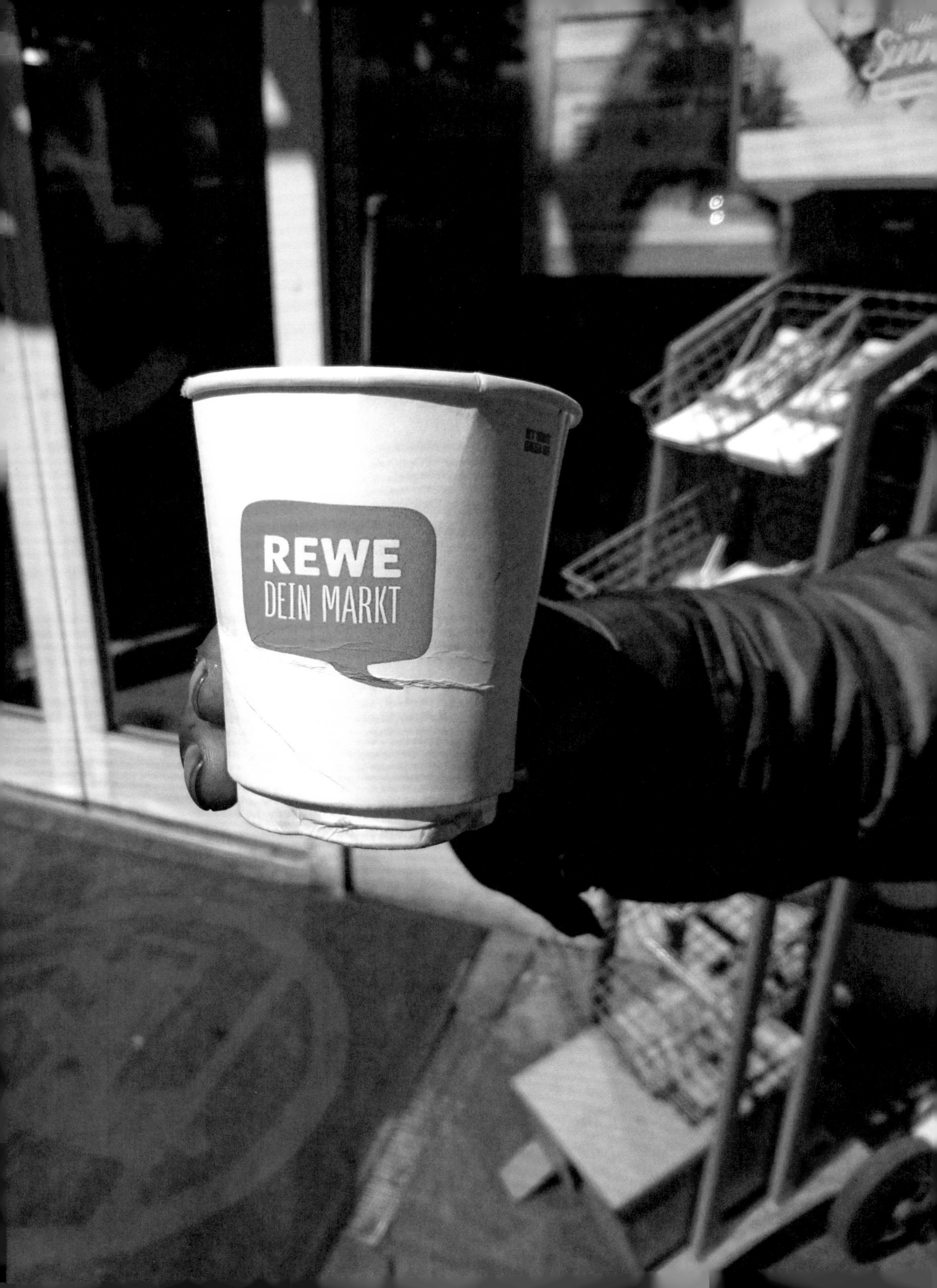
REWE
DEIN MARKT

VORWORT

JOHANNA ROLSHOVEN

EXKURSIONEN IN DIE EIGENE / FREMDE / STADT

Die Stadt der späten Moderne hat sich von der sozialen Stadt, dem Ethos der Nachkriegsjahrzehnte, zur schönen neuen Stadt der wirtschaftsorientierten neoliberalen Gegenwart entwickelt. Stadtentwicklungen sind Spiegel übergreifender gesellschaftlicher Prozesse. Hier zeigt sich Gesellschaftswandel ebenso wie seine Kollisionen. In der Stadt werden sie greifbar, erforschbar und analysierbar. Stadtforschung war stets – und ist es noch – Gesellschaftsforschung und damit ein wichtiges Instrument der Zukunftsgestaltung. Jede Generation an politischen AkteurInnen, die gesellschaftsgestaltend wirkt, muss sich daher die Frage stellen: In welcher Gesellschaft leben wir? In welcher Gesellschaft können und wollen wir künftig leben?

Die Geschwindigkeit des städtischen Wandels findet sich in der Gegenwart – wie stets in Krisenzeiten – durch spekulative Kapitalbewegungen beschleunigt, einem schnellen Agieren mit nicht wirklich immer vorhandenem Geld. Eine gewaltige und von den StadtbewohnerInnen nicht selten als gewalttätig empfundene Neukonzeption, Neugestaltung und Neuüberbauung flutet in erster Linie die Stadtzentren und verstärkt damit die ästhetische wie soziale Diskrepanz zu vernachlässigten sozialen Peripherien. Nicht nur spiegelnde Architektursolitäre und glänzende Geschäftsbauten, sondern immer mehr rasch hochgezogene Wohnimmobilien von nicht auf Dauer angelegter Bauqualität, vornehmlich mit kleinen Wohnungen mit hohen Renditeversprechen, verdichten die Städte. Sie kappen Grün- und Bewegungsräume, verdrängen soziale Nischen, die das Stadtleben lebbar und überlebbar machen, und simulieren eine saubere und versicherte Welt, die wir so eigentlich nicht gewollt haben. Nachhaltige Bestandssicherung, Schutz einer Mehrheit an sozial fragilen StadtbewohnerInnen sowie ein wenig demokratischer und nicht am Gemeinwohl der Vielen orientierter Umgang mit öffentlichen Geldern verstärken die Fragmentierung und Unverbundenheit der Stadt, die sich auf den Ebenen des Gebauten, des Repräsentierten und des Sozialen zeigt.

Der vorliegende Band entstammt der Forschungswerkstatt des engagierten künstlerisch-ethnographischen Forschens an der Zürcher Hochschule der Künste (ZHdK), das nicht in den Laboren der Elfenbeintürme stattfindet, sondern gesellschaftliche Nähe aufsucht. Sein Fokus richtet sich auf zentrale Felder der Fragmentierung im städtischen Alltag. Sensibel, ideenreich, humorvoll wie ernsthaft ermöglichen die verschiedenen Forschungszugänge ein situatives oder sogar situationistisches Zugehen auf städtische Alltagssituationen, die in ihrer menschennahen Dynamik unwägbare Planungsgrößen bleiben. Nicht die statistische und planerische Vogelflug- und Schreibtischperspektive erhellt das Soziale der Stadt, sondern mobile Menschennähe, das Sich-Involvieren, das Mitgehen und Mitschwingen mit Alltagssituationen. Dies erfordert Stadtsensoren, die aus einer erfahrungsgeleiteten Wahrnehmung und Aufmerksamkeit erwachsen, aus Zugewandtheit und „schwebender" Stadtbeobachtung (Colette Pétonnet).[1]

1   Vgl. Colette Pétonnet (2013): „Freischwebende Beobachtungen auf einem Pariser Friedhof", in: Johanna Rolshoven (Hg.): „Hexen, Wiedergänger, Sans-Papiers ..." – Kulturtheoretische Reflexionen zu den Rändern des sozialen Raumes, Marburg, S. 91–103

Kreative und kooperative Zugänge sind hier gefragt. Sie zeigen auf, dass sich Stadterforschen an der Basis von Lebenswelt und Alltag in den letzten Jahrzehnten stark verändert hat. Es muss sich anpassen an fluide, sich rasch wandelnde, immer dichter werdende und oftmals heterogene Konstellationen. Die Eile, die in der großen Stadt stets zu Hause war, hat in der späten Moderne auch Mittelstädte und kleinere Gemeinden erfasst. Die Ökonomisierung des eigenen Lebens erzwingt eine starke Dynamisierung der Alltagsrhythmen. Das, was das gute Leben ausmacht – Muße, Dialog, Miteinander und Solidarität, Rast und Kontemplation, Lachen und Schimpfen – erfährt eine zunehmende Verdrängung an die Ränder des geschäftigen Lebens, die allzu oft auch die Ränder des Sozialen, des Leistbaren, des Abgesicherten sind.

Ein auf Augenhöhe eingestellter Blick auf städtische Alltage, der das „Fremde" im Eigenen erkennt, lehrt, gesellschaftliche und politische Projektionen auf die „Fremden", auf als abweichend Ausgegrenzte zu relativieren und diese fern von zeitgenössischen Stigmatisierungstendenzen jenen Szenerien zuzuordnen, welche als Normalität des Urbanen den Reiz des Städtischen ausmachen. Künstlerische Methoden gehen hier über die klassische Stadtethnographie, gewissermaßen als qualitative Tiefenbohrung, wie auch über die scheinbar objektivierende Sondierung einer quantitativen Erhebung hinaus. Sie vermögen sowohl Situationen in ihren Alltagsrelevanzen sichtbar zu machen als auch solche herzustellen. Über *actions directes* werden Unmittelbarkeiten geschaffen, die es erlauben, Unsichtbares spürbar und erkennbar werden zu lassen. Sie reichen von „Minimalverschiebungen" (Franziska Hederer) bis hin zu (ver-)störenden Eingriffen. Unerwartete Performances sind in der Lage, spontane Öffentlichkeiten aufzubieten. Sie invadieren den unhinterfragten Alltagsraum und produzieren damit das Soziale, machen wieder erkennbar, was die anonymen Stadtteile allzu oft verschwinden machen. Die als Störfeld stigmatisierte Praxis (jugendlichen) „Herumhängens" zum Beispiel stellt sich in ihren produktiven, kreativen und vergemeinschaftenden Potenzialen als Lebens- und Lernstrategie heraus. Diese künstlerische Rehabilitierung der *communitas* schält deren fundamentale Bedeutung als Grundlage gesellschaftlicher Kohäsion heraus.

Künstlerisches Forschen greift in den Stadtraum ein und bringt Effekte der Überraschung hervor, der Freude, des Staunens, Verdutzens, Fragens als ein Grundelement städtischer Erfahrung. Dadurch schafft es Kommunikations- und Beziehungszusammenhänge. Solche Prozesse des Aufrührens und Gewahrwerdens sind die Voraussetzung für Reflexion, Selbstwahrnehmung, Ermächtigung und städtisches Handeln, das am Unmittelbaren und Existenziellen ansetzt und – ein ums andere Mal – zu dessen Überwindung aufruft.

Die Zürcher Forschungsgruppe veranschaulicht dies mit einem ebenso originellen und erkenntnisreichen wie reflexiven Spektrum an Zugängen und Interventionen in die Welten des gesellschaftlichen Ausschlusses, der Deprivierung und des Protestes in drei so unterschiedlichen Städten, wie Zürich, Graz und Berlin es sind. Bild- und Toncollagen, Visualisierungen, dramatisierende Inszenierungen des Lapidaren zeigen Touren mit dem Bollerwagen, gemeinsames Lesen, Video-Walks, schauspielerische Eingriffe entlang von Lebensnormalitäten städtischer RandbewohnerInnen. Sie werden zu performativen Aktionen, die lehren, Stadt auf anderen als den gewohnten und vielbesprochenen Ebenen und Diskursen zu lesen. Ihnen entsprechen andere, partizipativ angelegte Formen der Darstellung jenseits der klassischen Buchform. Gleichsam experimentell und mit „Stellvertretern" arbeitend werden Möglichkeiten des Darstell-, Zeig- und Sagbaren ausgelotet. Davon zeugt die sensible Reflexion von Voyeurismen der Armut. Denn das oft wohlgemeinte Sichtbarmachen wohnungsloser und/oder bettelnder Menschen auf der Straße führt durch das Herzeigen, die Abbildung selbst zu einer zusätzlichen Denunzierung und Stigmatisierung der Exkludierten.

In der vorliegenden Publikation geht es um mehr als eine Gegenrede zur Fragmentierung der Stadt. Eine „gesunde Stadt", wie die Charta von Athen sie paradigmatisch als lebbare Stadt in der Moderne proklamiert hatte, mag in ihrer pluralen Struktur ebenfalls fragmentiert sein. Sie teilt sich in historisch gewachsene Quartiere und Nachbarschaften, in unterschiedlich funktionale Stadtteile, in denen sich Durchmischung und Segregierung von Straßenzug zu Straßenzug abwechseln. Aber: Diese Stadt funktioniert lebensweltlich und strukturell als Gefüge, als eine Konstellation, die sich einmal komplementär, ein andermal distinktiv oder disruptiv darstellt. Sie benötigt Synapsen und Schnittstellen, Mediationen und Knotenpunkte, die immer wieder Verbindungen herstellen, sie sichtbar machen und so Aushandlungsprozesse zulassen. Eine solche relationale Verbindungsebene bezeichneten die großen Stadtforscher Hartmut Häußermann und Detlev Ipsen als Metakultur.[2] Die Erkenntnis, Förderung und Kultivierung einer Metakultur, die das Soziale hervorzubringen hilft und stützt, ist die große politische Aufgabe der Stadtregierung. Dazu bedarf es mehr als der diskursbestimmenden Sauberkeits-, Ordnungs- und Sicherheitspolitiken, mehr als vorschneller Verdichtungspolitiken und menschenverachtender, verdrängender Sonderszenarien zur Begradigung und Beschönigung von „Problemquartieren". Es bedarf vielmehr einer hohen und vigilanten Aufmerksamkeit für Prozesse des Selbstregulierens und Konfliktmanagements, der kreativen Raumaneignung und Raumherstellung, der Fabrikation des Sozialen auf den unterschiedlichsten, noch so unbemerkten und banal erscheinenden Alltagsebenen. Die schäbige Currybude, der altmodische Kiosk, der improvisierte Stammtisch am Rande des Parks oder auch das Versteck im Grünen werden in dieser Perspektivierung zu räumlichen und sozialen Nischen und Zwischenräumen, die nicht „wegästhetisiert", sondern als niederschwellige mobile Kompetenzzentren mit vielfältigen Aufgaben der existenziellen Herstellung von Lebensqualität für die städtische Mehrheit der deprivierten Bevölkerung erkannt werden müssen. Die vorliegend dokumentierten Zugänge und Darstellungen eines fragmentierten Stadtlebens bieten daher Grundlagen und Anstöße des Nachdenkens über Ermächtigung und Teilhabe, welche zugleich Grundlagen einer demokratischen Ethik des Urbanen und in diesem Sinne eine fortlaufende politische Denkaufgabe sind.

2 Häußermann, Hartmut/Ipsen, Detlev (2004): Die Produktivkraft kultureller Komplexität. Migration und die Perspektiven der Städte, In: Kommune. Politik, Ökonomie, Kultur, H. 5, S. 11–13

JÜRGEN KRUSCHE

DIE FRAGMENTIERTE STADT

Die neoliberale Stadt und ihre Auswirkungen
auf die öffentlichen Räume

Eine Gruppe heftig diskutierender Männer und Frauen an einem improvisierten Stammtisch am „Zickenplatz", ein deutscher Kioskbetreiber, der sich in seiner Siedlung ausgeschlossen fühlt, ein disziplinierter Flaschensammler auf seinem Gang durch den Hauptbahnhof und ein junger Obdachloser am Bahnhof Zoo – sie alle beschreiben ihr Leben in Berlin, berichten von ihren täglichen Erfahrungen, von guten wie von schlechten, von Freud und Leid. Ihre alltäglichen Erlebnisse sind indirekte Auswirkungen einer Politik, die für sie – wie auch für viele andere – nur schwer fassbar und durchschaubar ist. Obwohl das Zentrum der Macht vom „Zickenplatz" zumindest geografisch nicht weit entfernt ist, scheinen die „Mächtigen" von dem, was die Menschen bewegt, nur wenig zu wissen. Der seit mehr als 40 Jahren stattfindende neoliberale Umbau demokratischer Gesellschaften hat mittlerweile unübersehbare Auswirkungen, um die sich unter anderem dieses Projekt und dieses Buch drehen.

Ein besonderer Blick gilt dabei den Städten und ihren öffentlichen Räumen sowie einem Phänomen, das unter dem Begriff „Exklusion" zusammengefasst werden kann. Im Zentrum des Projekts standen die Fragen: Wie nutzen und erleben Menschen, die am Rande der Gesellschaft stehen, öffentliche Stadträume? Wo fühlen sie sich willkommen, wo nicht? Wo, wie und warum entstehen Nutzungskonflikte? Welche subjektiven Wahrnehmungen und Erfahrungen stehen hinter Begriffen wie „Verdrängung", „Ausgrenzung" oder „Aneignung"? Bevor aber das Projekt näher vorgestellt wird, soll ein Blick auf das diesen Auswirkungen zugrunde liegende politische Programm geworfen werden.

Die unsichtbare und die eiserne Hand

Der Psychologe und Autor zahlreicher Bücher zur politischen Situation in Deutschland Rainer Mausfeld sieht im Neoliberalismus ein „wirkmächtiges Transformationsprojekt ökonomischer Eliten, das seit mehreren Jahrzehnten global das Beziehungsgeflecht von Wirtschaft, Gesellschaft und Individuum grundlegend neu gestaltet" (Mausfeld 2019: 65). Die allgemein bekannte Kerndoktrin ist der sogenannte „freie Markt". Wenn man diesen sich selbst überließe, könne er gar nicht anders, als optimal funktionieren. Politische Entscheidungen „bestünden im Wesentlichen darin, Hindernisse für das freie Wirken des Markts abzubauen". Die neoliberale Ideologie ist nach Mausfeld „radikal antidemokratisch und befürwortet seit jeher autoritäre Herrschaftsstrukturen zur Durchsetzung und Aufrechterhaltung ‚freier Märkte'" (ebd.: 66). Der Neoliberalismus strebt zwar nach der Freiheit des Markts, benötigt für deren Durchsetzung aber gleichzeitig die Unterstützung des Staats. Er braucht beides: einen schwachen Staat für Reiche und Konzerne zur Umsetzung der ökonomischen Ziele und einen starken Staat für die Bevölkerung, vor allem für die, die aus dem neoliberalen Spiel ausscheiden, die „Überflüssigen". Das sind diejenigen, „die ausrangiert, aus ihren Nischen vertrieben worden oder von vornherein nicht ins Spiel gekommen sind oder sich selbst ins soziale Aus manövriert haben (…) die mit kleinem Geld versorgt und mit billiger Unterhaltung bei Laune gehalten werden müssen" (Bude/Willisch 2008: 10). „Die ‚unsichtbare Hand‘ des Marktes (…) findet ihre institutionelle Entsprechung in der ‚eisernen Hand‘ des Staates, die bereitsteht, die Unruhen, die aus der zunehmenden Verbreitung sozialer Unsicherheiten resultieren, unter Kontrolle zu halten." (Wacquant 2008: 214)

Vom unternehmerischen Selbst zum Abfall des Markts

Für das neoliberale Projekt notwendig sind: die Flexibilisierung der Arbeitswelt, die Liberalisierung von Marktbeschränkungen und die Privatisierung öffentlicher Güter wie auch die Ökonomisierung und marktförmige Gestaltung aller gesellschaftlichen Bereiche. So gesehen lässt sich „der real existierende Neoliberalismus (…) ökonomisch als eine Extremform des Kapitalismus auffassen" (Mausfeld 2019: 74). Die Umverteilung von der öffentlichen in die private Hand betrifft neben den Bereichen Bildung und Gesundheit in letzter Konsequenz auch die Gestalt unserer Städte, insbesondere das Aussehen und die Funktionen der öffentlichen Räume. Aber dazu später mehr.

Die Undurchschaubarkeit der Marktmechanismen – der Markt wird nach Adam Smith durch die „unsichtbare Hand" reguliert – ist wichtiger Bestandteil der neoliberalen Ideologie. Diese entzieht sich dadurch sowohl dem Verständnis wie auch der Kritik. Die eigene Lebenswelt wird undurchschaubar, unvorhersehbar, unberechenbar und durch eigenes Handeln nicht mehr beeinflussbar. Und das macht Angst. Das verlorene Vertrauen in den Staat wird nicht ersetzt durch den Markt. Im Gegenteil, der „freie Markt" schafft Unfreiheiten und Abhängigkeiten unbekannten Ausmaßes.

Die Arbeitsplätze werden unsicher, prekär. Berufliche und soziale Unsicherheiten sind zu einem Massenphänomen in Deutschland geworden. Befristete Tätigkeiten, Minijobs, Leiharbeit schaffen ein Leben in der permanenten Angst vor dem sozialen Abstieg, davor, irgendwann zu den „Überflüssigen" zu gehören. Die Lebensbedingungen dieses Prekariats sind durch einen Mangel an Sicherheit und stabilen Beziehungen geprägt. Mehr als 12 Millionen Menschen – das entspricht 15,5 Prozent der Gesamtbevölkerung – müssen nach dem Armutsbericht des Paritätischen Gesamtverbands 2019 in

Deutschland zu den Armen gezählt werden. Doch ist Armut nicht nur ein monetäres Problem, sondern ein „mehrdimensionales Problem, das ökonomische, soziale und kulturelle Aspekte umfasst" (Butterwege 2018: 13).

Für die Durchsetzung des neoliberalen Projekts allerdings ist Armut ein „geradezu erwünschter Effekt", denn sie erzeugt Lethargie und verhindert Partizipation. (Mausfeld 2019: 80) Auch Pierre Bourdieu sieht in dieser Prekarisierung nicht nur einen Effekt neoliberaler Ideologie, „sondern vielmehr das Produkt eines politischen Willens. (…) Teil einer neuartigen Herrschaftsform, die auf der Errichtung einer zum allgemeinen Dauerzustand gewordenen Unsicherheit fußt" (Bourdieu 2004).

Der Philosoph Byung-Chul Han geht noch einen Schritt weiter und sieht den Menschen als Ganzes in Gefahr. Der Neoliberalismus denke seine Ideologie bis in das Selbst hinein. Der Mensch solle als Ganzes zur Ware gemacht und sein gesamtes Leben in rein kommerzielle Werte umgewandelt werden. Kein Lebensbereich solle sich dieser kommerziellen Verwertung entziehen. (Han 2019: 33 ff.) Der Mensch wird zum „unternehmerischen Selbst", das sich einem ständigen Konkurrenzkampf ausgesetzt sieht. Als *UnternehmerIn* muss es sich auf dem freien Markt durchsetzen, es muss erfolgreich sein, stärker als die anderen. Fremdzwänge werden in Eigenzwänge umgedeutet und Selbstausbeutung geht mit dem Gefühl von Freiheit einher. „Die Allgegenwart des Marktes lässt nur die Alternative, sich entweder rückhaltlos dem Wettbewerb zu stellen oder als Ladenhüter zu verstauben." (Bröcklin 2007: 72)

Die neoliberale Ideologie führt letztlich dazu, dass alle ihre eigenen Bedürfnisse in den Vordergrund stellen. Statt Solidarität regiert Konkurrenz. In einer auf diese Weise „sozial atomisierten Gesellschaft" kann soziale Identität nur noch als KonsumentIn gefunden werden. (Mausfeld 2019: 83) Aber selbst als KonsumentIn ist man einer Bewertung und somit einer gewissen Konkurrenz ausgesetzt. Die Firma *Acxiom* beispielsweise „unterteilt Menschen in 70 Kategorien, und zwar rein aus ökonomischen Blickwinkeln. Die Gruppe von Personen, die einen sehr geringen Kundenwert aufweisen, heißt ‚waste', also Abfall oder Müll" (Han 2019: 35).

Es entsteht ein Klima, in dem diejenigen, die aus dem neoliberalen Spiel ausgeschieden sind, etwa Arbeits- und Obdachlose oder Hartz-IV-EmpfängerInnen, zunehmend nach ökonomischer Verwertbarkeit beurteilt werden. Sie werden als „VersagerInnen" und „Überflüssige" klassifiziert und somit entmenschlicht. Der Soziologe, Konflikt- und Gewaltforscher Wilhelm Heitmeyer stellt infolge des neoliberalen Umbaus der Gesellschaft seit Mitte der 1980er Jahre eine neue „rohe Bürgerlichkeit" fest. Teile des

Bürgertums hätten, so Heitmeyer, die Solidarität mit „denen da unten" aufgekündigt und pflegten einen „eisigen Jargon der Verachtung", mit dem Hartz-IV-EmpfängerInnen und Langzeitarbeitslose als „Nutzlose" und „Ineffiziente" diskriminiert werden. „*Rohe Bürgerlichkeit* zeichnet sich durch Tendenzen eines Rückzugs aus der Solidargemeinschaft aus." (Heitmeyer 2012: 35) Ursachen dafür sieht er in der ökonomischen Durchdringung sozialer Verhältnisse, einer „Demokratieentleerung" (ebd.: 18) und den fehlenden politischen und öffentlichen Debatten über das Verhältnis von Kapitalismus und Demokratie.[1]

Vom unternehmerischen Selbst zur unternehmerischen Stadt

Die hier beschriebene neoliberale Ideologie, die das Individuum zu einem unternehmerischen Selbst umzuformen versucht oder es bereits erfolgreich dazu umgeformt hat, spiegelt sich auch in der Funktion der Stadt. Auch die Stadtverantwortlichen/-verwaltungen pflegen seit den 1980er Jahren vermehrt einen unternehmerischen Stadtentwicklungs- und Verwaltungsstil, der als Politik der „unternehmerischen Stadt" bekannt wurde (Mattissek 2008; Schipper 2013).

Der Wandel vom sozialstaatlichen Modell hin zur „unternehmerischen Stadt" ist gekennzeichnet von einer Verschiebung der städtischen Kernaufgaben weg von sozialstaatlicher Verwaltung hin zum betriebswirtschaftlichen Management. In den 1980er Jahren wird erstmals von Standortmarketing gesprochen, Kulturpolitik explizit als weiche Standortpolitik begriffen und für Städte werden Corporate Identities entwickelt. Das „Urban Management" wird zum dominanten Leitbild städtischen Verwaltungshandelns (Schipper 2013: 176). So wird auch die neoliberale Stadt von einem Wettbewerbsregime regiert, das von globalen, transnationalen Konzernen dominiert ist.

Der öffentliche Raum

Die neoliberale Ideologie verändert auf diese Weise nicht nur die Beziehung der Menschen untereinander, die Arbeitswelt, die kulturellen und wirtschaftlichen Verhältnisse und die Verwaltung, sondern auch das Aussehen der Städte in markanter Weise. Dies wird nicht nur sichtbar in Form von teils spektakulären Neubauten oder aufwendig renovierten Altbauten, sondern auch in der Gestalt der „öffentlichen Räume". Unter öffentlichen Räumen verstehen wir Straßen und Plätze, Gassen, Wege und Gehsteige, Grünflächen und Parks. Sie bieten idealerweise Raum für das gemeinsame Dasein von Menschen, sie sind der Ort der Begegnung mit dem Fremden, sie eröffnen Möglichkeiten der Identifikation, der Selbstvergewisserung, der Inszenierung und Darstellung, aber auch der Abgrenzung (Sennett 2018). Der öffentliche Raum kann gleichzeitig

[1] Die Feldforschungen und Datenerhebungen zu diesem Projekt endeten im Herbst 2019. Die dramatische gesellschaftliche wie ökonomische Entwicklung der durch das SARS-CoV-2-Virus und die dagegen unternommenen Maßnahmen bedingten Krise 2020 kann deshalb in dieser Publikation keine Berücksichtigung finden, auch wenn diese Krise deutliche Veränderungen in der gesellschaftlichen, politischen wie ökonomischen Ausrichtung nicht nur Deutschlands, sondern der gesamten EU und weltweit bewirkt hat. Auch die Nutzungen der öffentlichen Räume sind durch diese Krise vehement von Veränderungen und ganz neuen Exklusionsstrategien – Stichwort: Ausgangs- und Versammlungsverbot, Sperrstunde, *Social Distancing*, „*Verweilverbot*" – betroffen.

als Spiegel einer Gesellschaft im Umgang mit Toleranz, Teilhabe, Konflikten, Verboten und Integration im Kontext sozialer, ökonomischer und politischer Dimensionen räumlicher Entwicklungen gesehen werden.[2]

2   Wie sich die öffentlichen Räume aufgrund der Maßnahmen zur Bekämpfung der Corona-Pandemie verändert haben und weiterhin verändern werden, ist Aufgabe künftiger Forschungsprojekte. Entsprechende Ergebnisse liegen hierzu im August 2020 noch nicht vor.

Exklusion

Durch zunehmende Privatisierung, Eventisierung, Regulierung und Kommerzialisierung der öffentlichen Räume kommt es zu einer neuen Verteilung der Nutzungen. Besonders in Trendquartieren wird vermehrt reglementiert, wer wann welche Räume in welcher Art und Weise nutzen darf. Willkommen ist, wer „dazugehört" und kaufkräftig ist. Wer „nicht dazugehört", wer arm ist, dem bleiben oft bestimmte „öffentliche" Räume verwehrt. Er wird aktiv ausgeschlossen, mit gezielten Maßnahmen, oder er schließt sich selbst aus, weil er sich nicht dazugehörig fühlt oder sein Geldbeutel für die angebotenen Unterhaltungen nicht groß genug ist (Kronauer 1999, 2002).

Exklusion beschreibt den Prozess des stufenweisen Ausschlusses aus verschiedenen sozialen Bezügen – dem Arbeitsmarkt, dem kulturellen und sozialen Leben, der politischen Partizipation und nicht zuletzt aus den privaten sowie öffentlichen Räumen (Häußermann/Kronauer/Siebel 2004). Grundsätzlich ist der Exklusionsbegriff jedoch problembelastet. Die dichotome Unterscheidung in Dazugehören/Nichtdazugehören entspricht einer „paradoxen Vorstellung einer Innen-Außen-Spaltung der Gesellschaft" (Kronauer 1999: 62). So wird nämlich das „Drinnen" idealisiert und das „Draußen" als problematisch beurteilt.

Das Projekt „Die fragmentierte Stadt" möchte den Begriff in einer erweiterten Sicht, vor allem im Kontext der künstlerischen Stadtforschung, neu betrachten und sieht Exklusion als ein multidimensionales Problem, das sich in folgenden Dimensionen äußert:

– ökonomische Ausgrenzung durch den Verlust des Zugangs zum Arbeitsmarkt, durch den Verlust von Einkommen und damit der Ressourcen für Anerkennung, Teilhabe und Kontaktmöglichkeiten;
– institutionelle Ausgrenzung durch den Verlust von sozialen Schutzrechten;
– soziale Ausgrenzung durch soziale Isolation;
– kulturelle Ausgrenzung durch Diskriminierung kultureller oder ethnischer Eigenarten, negative Etikettierung und Stigmatisierung abweichender normativer Orientierung und Verhaltensweisen;
– Selbstausgrenzung als Folge von finanziellen Einbußen, Identitätsverlust oder Schamgefühlen. (Häußermann/Kronauer/Siebel 2004: 24 f.)

Das Projekt fokussiert die subjektive Dimension und versucht, diese zu den anderen Dimensionen in Beziehung zu setzen. Dabei gilt es, sich vor Augen zu führen, „dass Exklusion nicht einfach vorliegt, sondern erst durch spezifische Formen der Problematisierung zu einem sozialen bzw. politischen Sachverhalt wird. Als solcher ist sie kein direkter Effekt, der sich so aus der sozialen Welt herauslesen lässt, sondern vielmehr ein Produkt bestimmter Deutungen und Klassifikationsmuster" (Wagner 2007).

Trotz dieser eher konstruktivistischen Sicht auf das Phänomen Exklusion gibt es durchaus auch sehr konkrete, das heißt handfeste Vorgehensweisen – es ist hier auch nicht verkehrt, von „Strategien" zu sprechen – des unternehmerischen Stils der Stadtverwaltungen: etwa die Wegweisungspraktiken sowie neue Formen des Stadtraummanagements, aber auch baulich-gestalterische Elemente oder neue Repräsentationen (Wehrheim 2012). Die Untersuchung im Rahmen des Projekts orientierte sich an drei unterschiedlichen Feldern der Kontrolle und Regulierung räumlicher Praktiken: der physischen Organisation, der gesetzlichen Kontrolle sowie der mentalen Wahrnehmung.

Innerhalb der physischen Organisation des Raums werden bauliche Elemente dazu verwendet, sichtbare und strikte Grenzen für Raumpraktiken zu setzen. Seit den 1990er Jahren findet beispielsweise sogenanntes „Abwehrdesign" immer häufiger Anwendung im öffentlichen Raum: Bauliche Elemente werden so gestaltet, dass neben der Einladung an eine zugelassene Nutzung zusätzlich die Verhinderung einer unerwünschten Nutzung eingeschrieben ist. In Großstädten rund um den Globus entstehen als *defensive design* gebaute Maßnahmen wie Metall- oder Betonspitzen an überdachten Orten oder Armlehnen bei Bänken, um Obdachlose, AlkoholikerInnen, SkaterInnen oder andere an bestimmten unerwünschten Nutzungen zu hindern.[3]

Die gesetzliche Kontrolle reguliert – neben informellen Normen – die Raumnutzungen zum Beispiel über Wegweisung, Platzverweis und Aufenthaltsverbot (Rolshoven 2008). Seit den 1990er Jahren werden vermehrt Überwachung und Kontrolle (etwa Videoüberwachung) sowie Zugangsbeschränkungen (etwa Betretungsverbote, *gated communities*) eingesetzt (Glasze et al. 2005). Bestimmte Handlungen sind in genau definierten Räumen verboten (zum Beispiel Betteln bei Geldautomaten, „Herumhängen" bei Schulen, Freizeiteinrichtungen, Läden etc.). Dabei gibt es Verbote, die speziell auf einzelne Gruppen oder Kategorien zielen. (Wehrheim 2012: 58)

Während es sich bei der physischen Organisation und der gesetzlichen Kontrolle des Raums um bewusst eingesetzte Strategien

3   Alex Andreou, The Guardian, „Anti-homeless spikes: ‚Sleeping rough opened my eyes to the city's cruelty'", 18.02.2015

21

handelt, findet die mentale Wahrnehmung von Raum vornehmlich unbewusst statt. Codes und Symbole werden eingesetzt, um Unerwünschte mittels Warnungen oder subtileren Abschreckungsmaßnahmen davon abzuhalten, einen Raum zu betreten, auch wenn keine physischen Barrieren vorhanden sind. So symbolisiert ein mit exklusiver Ästhetik gestalteter Platz, dass Außenseiter oder gesellschaftliche Gruppen, die mit dem Stigma der mangelhaften Sauberkeit belegt sind, in diesen Räumen nicht willkommen sind (Zukin 1998: 33 ff.). Diese ästhetischen Codes appellieren bei den durch die neoliberale Ideologie zur Selbstentwertung neigenden Individuen an den selbstauferlegten Zwang, einen Ort, der scheinbar nicht zum eigenen sozialen Status passt, auch nicht zu betreten.

Eine andere Form des Ausschlusses, die immer mehr an Bedeutung gewinnt, ist die Trennung zwischen öffentlichem und privatem Territorium. In den letzten Jahrzehnten haben sich neue „öffentliche Raumtypen" stark verbreitet, die vor allem dem Konsum dienen: Themenparks, Shopping Malls, Einkaufspassagen, Urban Entertainment Center und Bahnhöfe neuen Typs. Sie alle sind de jure private Räume der öffentlichen Sphäre, in denen eine „Hausordnung" die erlaubten und verbotenen Nutzungen definiert (Wehrheim 2012: 34).

Die Sichtbarkeit von Exklusion in der Stadt

Exklusion findet auf verschiedenen Ebenen statt und kann aus verschiedenen Perspektiven betrachtet werden. Alle genannten Maßnahmen der Kontrolle und Regulierung haben Auswirkungen in der Stadt und sind erfahrbar und sichtbar, so unsere These. Vor allem die öffentlichen Räume unterliegen starken Veränderungen, und zwar nicht nur in ihrer Gestalt, sondern vor allem in der Art der Nutzungen und Nutzergruppen wie auch in ihren Atmosphären. Atmosphären in der Stadt „machen auf eine Wirklichkeit jenseits der Dinge aufmerksam" (Hasse 2012: 26). Über Atmosphären sind auch Abwesenheiten wahrnehmbar und indirekt *sichtbar*.

Bauliche Veränderungen, wie sie Aufwertungsmaßnahmen mit sich bringen, sind oft eindeutig zu erkennen. Neue Fassaden, Balkone, Neubauten, neue Läden und Cafés sowie Straßenberuhigungen haben durchaus positive Effekte. Sie führen aber auch sehr oft zu einer Art „Homogenisierung" der Anwohnerschaft. Gentrifizierung wird beispielsweise oft als „Austausch von statusniedereren durch statushöhere BewohnerInnen" definiert (Holm 2010: 7). In diesen „gentrifizierten" Stadtteilen wie beispielsweise dem Prenzlauer Berg prägt dann eine bestimmte Klientel das Stadtbild (Gude 2014). Die Auswirkungen von Verdrängung, bedingt durch steigende Mieten, sind dort gewissermaßen *sichtbar*. Dem aufmerksamen Beobachter fällt auf, dass eine bestimmte soziale

Schicht das Bild prägt, dass es keine Heterogenität mehr gibt und nur wenig soziale Durchmischung. Exklusion kann also auch durch Abwesenheit sichtbar werden: durch das Fehlen von marginalisierten Gruppen wie Obdach- und Wohnungslosen, AlkoholikerInnen, Bettelnden oder FlaschensammlerInnen. Diese „armen" oder sozial schwächeren Personen nutzen Räume anders als die neu Hinzugezogenen. Für Marginalisierte sind öffentliche Räume oft auch Wohnräume, Orte, an denen sie sich treffen und gemeinsam ein Bier aus dem Kiosk trinken. Oder es sind „Arbeitsorte", Orte zum Geldverdienen durch Betteln, Flaschensammeln, Musizieren oder den Verkauf von Straßenzeitungen. Für die anderen dagegen, für die, die „dazugehören" und es sich leisten können, sind es Erholungsräume und hauptsächlich Orte des Konsums. Straßen-Cafés, Bars und Restaurants, Weinhandlungen und Designerläden prägen oft das städtische Erscheinungsbild. Die seit den 70er Jahren zunehmende „Mediterranisierung" der Gastronomie ist ein sichtbares Ergebnis dieser Entwicklung der letzten Jahrzehnte und trägt zu einer sich verändernden Stadtatmosphäre bei (Yildiz 2017).

Diese fehlende Differenz (auch Vielfalt oder Vielheit genannt) in stark aufgewerteten, sogenannten „Trendquartieren" ist ein Verlust – ein Verlust einer Offenheit, die als Übung in Toleranz und Miteinander betrachtet werden kann und ebenso wie das Aushalten von konfliktuellen Auseinandersetzungen zu jeder *offenen Stadt* gehört (Rolshoven 2017). Stattdessen muss die neu erworbene „Ordnung" mit Maßnahmen geschützt werden. Mehr Kontrolle und Überwachung sollen zur Wahrung von Ordnung und Sauberkeit beitragen. Schließlich soll der zwanglose Konsum nicht gestört werden.

Und all das kann man sehen und spüren, oft auch hören und sogar riechen. Stark aufgewertete Quartiere haben eine andere Atmosphäre als weniger aufgewertete. Oft bilden diese „Konsuminseln" eine Art Cluster, in dem eine spezifische Atmosphäre herrscht, und schon zwei, drei Straßen weiter findet man eine Nische, in der eine andere Stimmung dominiert. Oft etwas rauer und lauter, bei genauerem Hinsehen vielleicht auch etwas menschlicher und lebendiger. Diese Art der Fragmentierung kann im großen Maßstab zwischen einzelnen Stadtgebieten stattfinden wie auch im kleinen, im Abstand von nur wenigen Straßen. Aber mehr und mehr sind ganze Stadtteile von dieser Fragmentierung betroffen. Die Innenstadtgebiete werden zu Wohn-, Schlaf- und immer mehr zu alleinigen Konsuminseln, die peripheren Stadtregionen dagegen zu gesichtslosen Gewerbegebieten und Wohnorten zweiter Wahl, in der oft Trostlosigkeit die Atmosphäre dominiert. Von dieser Fragmentierung handelt das Projekt „Die fragmentierte Stadt".

Forschungsprojekt „Die fragmentierte Stadt"

Das künstlerische Forschungsprojekt „Die fragmentierte Stadt" beschäftigte sich mit verschiedenen Aspekten von Exklusion, und zwar aus einer subjektiven Perspektive der Betroffenen heraus und mit einem besonderen Fokus auf öffentliche Räume. Es zielte sowohl in seiner Methodik wie auch durch den Einsatz verschiedenster Medien auf eine multiperspektivische Darstellung räumlicher Exklusionsprozesse. Das Projekt wurde geleitet von der Idee, die Betroffenen selbst, also die Exkludierten, zu Wort kommen zu lassen. Im Fokus standen ihre Sicht auf ihre eigene Situation und die Wahrnehmung des eigenen Alltags.

Zu Beginn wurde der Versuch unternommen, eine möglichst breite Auswahl unterschiedlicher Formen von Exklusion aufzuzeigen, weshalb drei Städte in drei Ländern als Untersuchungsorte ausgewählt wurden: Zürich, Berlin und Graz. Mit der Zeit konzentrierte sich die Arbeit dann vermehrt auf Berlin, da sich dort bereits eine große Anzahl der unterschiedlichsten Formen von Exklusion finden ließen. Berlin steht deshalb in dieser Publikation im Zentrum.

Das interdisziplinäre Team bestand aus vier Personen mit unterschiedlichem Hintergrund[4] und vereinte die folgenden Disziplinen: bildende Kunst, Film und Video, Film- und Kulturwissenschaft, Kulturwissenschaftliche Stadtforschung, Geschichte, Visuelle Anthropologie und Soziologie.

Künstlerische Forschung

Die Vielzahl an Kompetenzen und Erfahrungen der Forschenden bildete die Basis für dieses transdisziplinär angelegte Forschungsprojekt. Der Einsatz verschiedener künstlerischer Medien und Methoden war selbstverständlich. Neben klassischen ethnografischen Methoden und soziologischen Perspektiven kamen vor allem konkrete ästhetische Verfahren zum Einsatz. Es wurde mit der Videokamera, der Fotokamera und dem Smartphone fotografiert oder mit einem Schauspieler gearbeitet. Diese verschiedenen Herangehensweisen können als „künstlerische Forschung" verstanden werden – als ein nicht systematisches, subjektiv ausgerichtetes, kreatives und exploratives Erkunden. Dieses ausgedehnte Erkunden führte zu sehr unterschiedlichem Datenmaterial, das nicht nur ausgewertet und archiviert, sondern mehrfach umgearbeitet und wieder in den Forschungsprozess eingebracht wurde. Es war ein prozesshaftes Vorgehen, das nicht zuletzt von den „ProtagonistInnen" abhing und/ oder von diesen in unerwartete Richtungen gelenkt wurde. Es sollte die Sicht der Exkludierten im Vordergrund stehen, nicht die der Forschenden.

Begleitende Gespräche mit ExpertInnen aus der Sozialen Arbeit (beispielsweise mit den MitarbeiterInnen von *Gangway*

4 Siehe Biografien im vorliegenden Band (S. 207)

oder der Bahnhofsmission in Berlin) oder den städtischen Verwaltungen und Ordnungsämtern halfen dabei, die Kontexte, in denen die Obdachlosen, die „deutschen Trinker"[5] oder die AsylbewerberInnen sich bewegen, besser zu verstehen. Auf diese Weise konnten auch geeignete Untersuchungsorte gefunden werden, sogenannte *Hotspots*, die nicht auf den ersten Blick als solche erkennbar sind, beispielsweise die untere Kurfürstenstraße in Berlin. Im Mittelpunkt stand dabei jedoch immer wieder das eigene Erkunden. Dies vor allem, um ein Vertrauensverhältnis aufzubauen, das notwendig war, um den anvisierten „subjektiven Blick" einfangen zu können.

Im Laufe des Projekts haben sich die Forschungspraktiken immer wieder verändert. Zum Teil wurden auch neue entwickelt, etwa die Arbeit mit einem Schauspieler oder das Rezitieren eines Textes, der aus einer Reihe von Interviews hervorgegangen war, gemeinsam mit PassantInnen.[6]

Diese Offenheit gegenüber Methoden und Medien kann als vorteilhafte Eigenart, als Spezifik der künstlerischen Forschung angesehen werden. Dank dieses unvoreingenommenen Vorgehens und des Vermögens, auf Ungeplantes zu reagieren, tritt das zu Erwartende oft gerade nicht ein, dafür aber etwas vollkommen Anderes, Unerwartetes. Doch ist das nicht das alleinige Privileg der künstlerischen Forschung. Auch in den sogenannten „harten Wissenschaften" gibt es ähnliche Ansätze. So bezeichnet der Wissenschaftshistoriker Hans-Jörg Rheinberger „das Forschen als eine Suchbewegung (...), die sich auf der Grenze zwischen dem Wissen und dem Nichtwissen bewegt. Das Grundproblem besteht darin, dass man nicht genau weiß, was man nicht weiß. Damit ist das Wesen der Forschung kurz, aber bündig ausgesprochen" (Rheinberger 2007).

In diesem Sinne wurde auch versucht, die Ergebnisse der Untersuchung durch die Veröffentlichung in Form eines E-Books über das übliche Text-Bild-Verhältnis hinaus mit digitalen Möglichkeiten zu erweitern. Das E-Book ermöglicht die Vernetzung von Text und Fotografie mit Videosequenzen und akustischen Medien. Anvisiert wird ein Zusammenklang der unterschiedlichen Medien, durch den sich auch aus deren Zwischenräumen heraus Erkenntnisse gewinnen lassen.

Insbesondere dem Bild (Fotografie und Video) kommt eine besondere Rolle zu. Das Bild wird nicht nur als eine den Text begleitende Illustration oder eine (Re-)Präsentation verstanden, sondern als ein „epistemisches Ding", also etwas, das Erkenntnisse hervorbringen und vermitteln soll. Ein epistemisches Ding verkörpert „das Neue, noch Ungewusste an der Grenze vom Wissen zum Nichtwissen" (Rheinberger 2015: 73). Dieser spezifischen Wissensproduktion im Sinne eines *doing knowledge* soll vor allem mit dem Bildessay Rechnung getragen werden. Dabei geht es nicht darum, „ein vermeintlich enthaltenes Wissen, einen semantischen Gehalt zu dechiffrieren, sondern dieses sollte in Auseinandersetzung mit der Darstellung, d. h. auch in Auseinandersetzung mit deren sinnlichen Affekten entwickelt werden" (Bippus 2013: 257).

Was ist Exklusion?

Die Frage „Was ist Exklusion?" stand am Anfang unseres gemeinsamen Forschens. Eine abschließende Antwort konnte nicht gefunden werden. Im Laufe der Arbeit wurde der Begriff – ganz im Sinne Rheinbergers – eher noch dunkler und unbestimmter. Er wurde aber auch immer stärker von anderen Begriffen gerahmt, die unabdingbar mit ihm verbunden zu sein scheinen. In den Vordergrund rückten Fragen nach Abgrenzung oder Identität. Wer bin ich? Wo gehöre ich hin? Wo will ich hingehören, wo nicht? Neben bewusste Exklusionsprozesse treten sehr oft auch unbewusste, wie viele Beispiele in diesem Buch aufzeigen.

Obwohl der Begriff aufgrund seiner Komplexität nur schwer theoretisch zu fassen ist, sind seine *Wirkungen* unübersehbar. Und von genau diesen Wirkungen sprechen die Menschen, die hier zu Wort kommen. Neben den Menschen sind immer wieder auch Dinge, Atmosphären, Aktionen und Geräusche Zeugen dieser Prozesse, sodass auch in der Publikation durch ein Netzwerk verschiedenster „Akteure" eine Komplexität entsteht, die dem Begriff gerecht zu werden versucht.

Das „fraktale Prinzip"

Trotz eines offenen Endes hat sich im Laufe der gemeinsamen Arbeit immer wieder ein Prinzip gezeigt, das hier als Hypothese kurz vorgestellt werden soll:

Das Phänomen Exklusion folgt einem „fraktalen Prinzip": Aus einem scheinbar Ungeteilten ergeben sich Exkludierte und Inkludierte, die sich wiederum jeweils in Exkludierte und Inkludierte aufteilen – solange, bis die Gruppe zu klein ist, um sich weiter zu teilen. Wie wir sehen konnten, geschieht dies in jeder Gruppe, was bedeutet, dass Exklusion kein „exklusives" Phänomen ist, sondern allgegenwärtig. Exklusion ist eine gesellschaftliche Realität, die (fast) überall – das heißt nicht nur in Randgruppen – zu finden ist, beginnend bei der Mehrheitsgesellschaft und größeren gesellschaftlichen Gemeinschaften bis hin zu kleineren und kleinsten Gruppen und Beziehungen.

Das beutet: Auch Exkludierte exkludieren. Sie sind nicht nur passiv, sondern auch aktiv an diesen Prozessen beteiligt. Zu beobachten war dies zum Beispiel am Bahnhof Zoo: Eine große Gruppe von aus der Mehrheitsgesellschaft Ausgeschlossenen – die Exkludierten – teilte sich weiter in deutsche Obdach- und Arbeitslose sowie Hartz-IV-BezügerInnen auf der einen Seite und polnische Arbeitslose sowie AsylbewerberInnen aus verschiedenen Ländern auf der anderen Seite. Die „deutsche Gruppe" grenzte sich bewusst ab und versuchte, sich Privilegien gegenüber den anderen beiden Gruppen zu verschaffen. Sie nahm keine PolInnen oder AsylbewerberInnen bei sich auf und machte gleichzeitig durch ein eigenes Regelwerk deutlich, wer „dazugehört" und wer nicht, bestimmte Personengruppen wurden also ausgeschlossen.[7] Dieses Prinzip von Dazugehören und Nichtdazugehören setzte sich über verschiedene Ebenen fort. Das ist es, was wir „fraktales Prinzip" nennen.

[7] Weitere Fallbeispiele für dieses Prinzip finden sich vor allem im Beitrag von Thomas Schärer (S. 32–71)

Die Beiträge

Alle Beiträge basieren, wie oben erwähnt, sowohl auf ausgedehnten Feldforschungen wie auch auf zahllosen Interviews mit ExpertInnen aus den verschiedensten Bereichen. Durch die gewählten Medien fand mit der Zeit eine Ausdifferenzierung der Arbeitsweisen statt, die letztlich zu vier unterschiedlichen Beiträgen für die vorliegende Publikation führte. So gibt es zwei Beiträge, welche eine Kombination aus Text und Video ins Zentrum stellen, ein Beitrag arbeitet beinahe ausschließlich mit Fotografie und ein weiterer basiert hauptsächlich auf Audiointerviews.

Thomas Schärer wertet in seinem Beitrag zahllose Feldnotizen und Aufzeichnungen seiner Begegnungen aus und rückt vier unterschiedliche subjektive Blickwinkel ins Zentrum. Exkludierte aus allen drei Städten zeigen und sprechen über ihr Lebensumfeld. Die vier Beispiele verdeutlichen, wie ein Leben zwischen aktivem Ausgegrenztwerden und dem Wunsch nach Teilhabe aussieht. Sie zeigen die Unterschiede auf, die sich ergeben, je nachdem, ob man allein oder in Gruppen, in vorübergehenden oder dauerhaften Gemeinschaften unterwegs ist. Es wird deutlich, dass bei allen Exkludierten ein Bedürfnis nach Teilhabe sowohl am öffentlichen Raum wie auch an der Gesellschaft vorhanden ist. Auch zeigen die vier Beispiele, dass Exklusion keinesfalls ein Freisein von Regeln bedeutet. Sobald eine größere Gemeinschaft wie die „Platte" unter einer Eisenbahnbrücke entsteht, werden Regeln kreiert, die das Zusammenleben strukturieren und Hierarchien herausbilden. Eine Beobachtung, die uns unter anderem zu der oben genannten Hypothese – der Exklusion als „fraktales Prinzip" – geführt hat.

Der zweite Beitrag „‚Herumlungern' als eigensinnige Alltagspraxis" von Julia Weber verortet sich ausschließlich in Berlin und geht der Frage nach, welche produktiven Potenziale sich unter sicht- und beobachtbaren Oberflächen von Praktiken verbergen, die von dominanten gesellschaftlichen Diskursen als potenzielles „Herumlungern" codiert werden. Am Beispiel einer ethnografischen Feldstudie über einen Treffpunkt am Hohenstaufenplatz (Berlin), wo sich langzeiterwerbslose Menschen fast täglich versammeln, geht sie diesen Paradoxien zwischen den negativ konnotierten Fremdzuschreibungen und Selbstwahrnehmungen der AkteurInnen auf den Grund. Ein spezieller Fokus gilt hierbei der Innensicht dieser Gruppe und ihren Praktiken und wie sie über die Jahre eine Kultur des Füreinander-Da-Seins vor Ort entwickelt hat. Julia Weber untersucht das „Herumlungern" der „Zickenplatz-Leute" als eine kollektive Alltagspraktik des Sich-Aneignens eines öffentlichen Standorts, das ihren Wunsch nach Zugehörigkeit, Austausch und Anerkennung öffentlich sicht- und diskutierbar macht.

Der Bildessay von Jürgen Krusche basiert auf verschiedenen fotografischen Ansätzen, die hier essayartig zusammengeführt werden. Von Anfang an war die Fotografie in dem Projekt nicht dazu vorgesehen, den subjektiven Blick zu vermitteln, sondern das Umfeld der vorgefundenen Situationen und Orte zu dokumentieren. Es wurde einerseits versucht, mittels inszenierter Fotografie die Atmosphäre der Situationen und Orte, an denen sich Exkludierte im öffentlichen Raum aufhalten, festzuhalten und aufzuzeigen. Andererseits sollten im Sinne der *Material Culture Studies* die damit verbundenen Gegenstände fotografisch festgehalten werden. Der Bildessay kombiniert die verschiedenen fotografischen Ansätze mit Skizzen aus den Feldtagebüchern, Schnappschüssen aus dem Arbeitsprozess und handschriftlichen „Slogans" unbekannter Herkunft und Autorschaft.

Aya Domenig dringt in ihrem Beitrag am tiefsten in die subjektive Sicht unserer „ProtagonistInnen" ein. Neben der sichtbaren Präsenz in den Videos, die auf gründlichen Beobachtungen und einer engen Zusammenarbeit mit den ProtagonistInnen basieren, kommen diese auch sehr ausführlich in Texten zu Wort. Diese entstanden auf Basis der Tonspuren zahlreicher Videosequenzen und entsprechen, soweit es möglich und verständlich ist, dem „Originalton". Text und Video ergeben auf diese Weise ein beinahe schon intimes Bild der dargestellten Personen mit ihren je eigenen Problemlagen und ihrem Umgang damit.

Der letzte Beitrag „Currybernd macht die Klappe zu – für immer" schließt den Kreis des Forschungsprojekts. Im Oktober 2019 fand eine Aktion an der Kurfürstenstraße in Berlin statt, bei der Teilergebnisse des Forschungsprojekts an den Ort der Forschung zurückgespielt wurden. Die Reaktionen der RezipientInnen wurden teilweise aufgezeichnet und wieder in den Erkenntnisgewinnungs-, sprich Forschungsprozess eingefügt. Ein kurzer Text sowie Fotografien dieses Events werden hier vorgestellt.

Statt einer Conclusio

Obwohl zwischendurch immer wieder versucht wurde, eine abschließende Conclusio zu definieren, gibt es eine solche nicht – und soll es auch nicht geben. Vielmehr sollen die Beiträge vom Leser, von der Leserin, vom Betrachter, der Betrachterin der Videos und Fotografien mental und kognitiv zu einem übergreifenden „Bild" zusammengefasst werden, zu einem Konstrukt, das auch die Teile zwischen den Beiträgen, zwischen den Texten, Videos und Fotografien zu einem Ganzen synthetisiert. Der Prozess des Forschens soll nicht mit dem Buch enden. Im Sinne der künstlerischen Forschung stellt auch die Rezeption einen Teil des Forschungsprozesses dar – eines Prozesses, der nicht endet, der vielleicht bei dem einen oder anderen Rezipienten weiterwirkt und die Sicht auf die „Realität" verändert. Eine „Offene Stadt", wie sie Richard Sennett schon vor Jahren proklamiert hat, die auf dem freien Zugang aller gesellschaftlicher Gruppen und Schichten basiert, scheint in Zeiten so radikaler gesellschaftlicher wie politischer Veränderungen, wie wir sie dieser Tage erleben, besonders bedroht zu sein. Doch gerade der Umgang mit den Schwächsten einer Gesellschaft kann als Indikator dafür gelesen werden, in welchem Zustand sich ein Land, eine Gesellschaft befindet. Wo endet das Interesse der Politik oder der herrschenden Klasse? Wer zieht an welcher Stelle die Trennlinie zwischen denen, die „dazugehören", und den „Überflüssigen"? Und was geschieht mit diesem immer größer werdenden Teil unserer Gesellschaft? Fragen, die hier nicht beantwortet werden können, die wir aber im Gedächtnis behalten und an die wir denken sollten, wenn uns das nächste Mal jemand einen Becher hinhält und um „etwas Kleingeld" bittet.

Literaturliste

Neoliberalismus

Bröcklin, Ulrich (2007): Das unternehmerische Selbst: Soziologie einer Subjektivierungsform, Frankfurt am Main

Bourdieu, Pierre (2004): „Prekarität ist überall", in: Gegenfeuer. Wortmeldungen im Dienste des Widerstands gegen die neoliberale Invasion, Konstanz, S. 107–113

Bude, Heinz/Willisch, Andreas (Hg.) (2008): Exklusion – Die Debatte über die „Überflüssigen", Frankfurt am Main

Butterwege, Christoph (2018): Armut, Köln

Han, Byung-Chul (2019): Kapitalismus und Todestrieb. Essay und Gespräche, Berlin

Heitmeyer, Wilhelm (Hg.) (2012): Deutsche Zustände: Folge 10, Frankfurt am Main

Mausfeld, Rainer (2019): Angst und Macht. Herrschaftstechniken der Angsterzeugung in kapitalistischen Demokratien, Frankfurt am Main

Wacquant, Loïc (2008): „Armut als Delikt", in: Bude, Heinz/Willisch, Andreas (Hg.): Exklusion – Die Debatte über die „Überflüssigen", S. 213–224

Die unternehmerische Stadt

Krusche, Jürgen (2017): Die ambivalente Stadt, Berlin

Mattissek, Annika (2008): Die neoliberale Stadt. Diskursive Repräsentationen im Stadtmarketing deutscher Großstädte, Bielefeld

Schipper, Sebastian (2013): Genealogie und Gegenwart der „unternehmerischen Stadt". Neoliberales Regieren in Frankfurt am Main, Münster

Sennett, Richard (2018): Die offene Stadt, Berlin

Yildiz, Erol (2017): „Stadt, Migration und Vielheit. Vom hegemonialen Diskurs zur Alltagspraxis", in: Krusche, Jürgen (Hg.): Die ambivalente Stadt, S. 62–78

Exklusion

Glasze, Georg/Pütz, Robert /Rolfes, Manfred (Hg.) (2005): „Die Verräumlichung von (Un-)Sicherheit, Kriminalität und Sicherheitspolitiken – Herausforderungen einer kritischen Kriminalgeographie", in: Dies.: Diskurs-Stadt-Kriminalität. Städtische (Un-)Sicherheiten aus der Perspektive von Stadtforschung und Kritischer Kriminalgeographie, Bielefeld, S. 13–104

Gude, Sigmar/Bouali, Kerima (2014): „Gentrifizierung oder Wiederkehr der Wohnungsnot? Sozialstrukturelle Entwicklungstendenzen in Berliner Innenstadtwohngebieten", in: Holm, Andrej (Hg.): Reclaim Berlin. Soziale Kämpfe in der neoliberalen Stadt, Berlin/Hamburg, S. 27–49

Hasse, Jürgen (2012): Atmosphären der Stadt. Aufgespürte Räume, Berlin

Häußermann, Hartmut/Kronauer, Martin/Siebel, Walter (Hg.) (2004): An den Rändern der Städte, Frankfurt am Main

Holm, Andrej (2010): Wir Bleiben Alle! Gentrifizierung – Städtische Konflikte um Aufwertung und Verdrängung, Berlin

Kronauer, Martin (1999): „Die Innen-Außen-Spaltung der Gesellschaft. Eine Verteidigung des Exklusionsbegriffs gegen seinen mystifizierenden Gebrauch", in: Herkommer, Sebastian (Hg.): Soziale Ausgrenzungen. Gesichter des neuen Kapitalismus, Hamburg, S. 60–72

Kronauer, Martin (2002): Exklusion. Die Gefährdung des Sozialen im hochentwickelten Kapitalismus, Frankfurt am Main/New York

Krusche, Jürgen (2011a): „Berlin ist hässlich – und das ist gut so! Der Wert des Hässlichen im Urbanitätsdiskurs", in: Arch+ 201/202, Berlin, S. 62–65

Krusche, Jürgen (2011b): Strassenräume – Berlin, Shanghai, Tokyo, Zürich. Eine fotoethnografische Untersuchung, Baden

Rolshoven, Johanna (2008): „Die Wegweisung. Die Züchtigung des Anstößigen oder: Die europäische Stadt als Ort der Sauberkeit, Ordnung und Sicherheit", in: Tomkowiak, Ingrid/Egli, Werner: Intimität, Zürich, S. 35–58

Rolshoven, Johanna (2017): „Stadtsicherheit 2.0 – Camouflage der Widersprüche", in: Krusche, Jürgen (Hg.): Die ambivalente Stadt, Berlin, S. 34–47

Wagner, Thomas (2007): Vom „Ende" der Armut und „Entdeckung" der Exklusion. Des Königs neue Kleider oder „neue" Qualitäten der Ungleichheit? http://www.sozialarbeit.ch/dokumente/ende%20 der%20armut.pdf, 20.1.2016

Wehrheim, Jan (2012): Die überwachte Stadt – Sicherheit, Segregation und Ausgrenzung, Opladen/Berlin/Toronto

Zukin, Sharon (1998): „Städte und die Ökonomie der Symbole", in: Kirchberg, Volker/Göschel, Albrecht (Hg.): Kultur in der Stadt, Opladen, S. 27–40

Künstlerische Forschung

Bippus, Elke (2013): „(Kunst-)Forschung. Eine neuartige Begegnung von Ethnologie und Kunst", in: Johler, Reinhard/Marchetti, Christian et al. (Hg.): Kultur_Kultur. Denken, Forschen, Darstellen, Münster/New York, S. 252–258

Rheinberger, Hans-Jörg (2007): Man weiss nicht genau, was man nicht weiss. Über die Kunst, das Unbekannte zu erforschen, Neue Zürcher Zeitung, Artikel vom 5.5.2007, https://www.nzz.ch/articleELG88-1.354487

Rheinberger, Hans-Jörg (2015): „Experimentalsysteme und epistemische Dinge", in: Gamm, Gerhard/Gehring, Petra/Hubig, Christoph et al. (Hg.): Jahrbuch, Technikphilosophie 2015, Ding und System, Zürich/Berlin, S. 71–79

BEGEGNUNGEN

THOMAS SCHÄRER

EXKLUSION UND TEILHABE IM ÖFFENTLICHEN RAUM

Auf der Suche nach Zugehörigkeit, Strategien der Aneignung

Wo Menschen eng zusammenleben, sind Konkurrenz, Verdrängung oder Ausschluss fast unumgänglich. Dass deshalb nicht alle überall und immer den öffentlichen Raum als zugänglich oder offen erfahren, war der Fokus des Projekts „Die fragmentierte Stadt". Mit dem Wahrnehmen von Exklusion gerät gleichzeitig die individuelle Suche nach Teilhabe oder Strategien der Aneignung in den Blick. Nicht alle lassen sich vertreiben oder ausgrenzen. Mit Beharrlichkeit und Fantasie verstehen es einige, Teil des öffentlichen Raums zu bleiben oder zu werden. In einer ersten Phase ausführlichen Spazierens und Beobachtens in Graz, Zürich und Berlin wurden wir Zeugen einiger offensichtlicher Verdrängungen, beispielsweise der Wegweisung eines bettelnden Mannes durch zwei Angestellte eines Sicherheitsdienstes.

Der alte Mann hatte sich im Mai 2018 beim Berliner Bahnhof Zoo mit einem Pappbecher unmittelbar neben einen Geldautomaten gesetzt und bettelte. Die PassantInnen schienen ihn keines Blickes zu würdigen. Dennoch nahmen ihn viele mit Seitenblicken wahr, diskret, in Bruchteilen von Sekunden. Wir beobachteten die Szene aus gebotener Distanz und positionierten unsere Kamera. Ins Bild kam auch die Aufwertung der alten „City West". Im Hintergrund ist ein fast fertiges Bürogebäude mit geschwungener Glasfassade zu erkennen, errichtet für 130 Millionen Euro durch den US-Konzern Hines. Es ersetzt die viel beklagte „Schmuddelecke" an der Joachimstaler Straße. Dieser Komplex aus den sechziger Jahren mit Sexshops, Sexmuseum und zahlreichen Imbissbuden passte nicht länger in das Stadtbild.[1] Hier sind also in einem Bild zwei parallellaufende Verdrängungsprozesse sichtbar: die „Stadtreparatur", welche den „alten Westen" für internationale InvestorInnen und kaufkräftige Kundschaft wieder attraktiv machen sollte (nachdem diese Position jahrelang die wiederaufgebaute Mitte innehatte) und die Wegweisung von bettelnden (kauernden, liegenden) Personen im Bahnhofsumfeld.

In der Grazer Peripherie sah ich im Sommer 2017 inmitten eines Wäldchens ein perfekt getarntes, gut eingerichtetes Zeltlager von Fahrenden, die in der Innenstadt organisiert bettelten. Beliebte Plätze waren und sind umkämpft, einflussreiche Gruppen scheinen sie planmäßig zu besetzen, mit Vorliebe mit alten, versehrten Menschen oder Kindern, die den größten Teil ihrer spärlichen Einkünfte abgeben müssen.

Ein solches Zeltlager war nicht einfach beim Herumstreifen („Strawanzen", wie man in Graz sagt) zu finden. Ein Tipp über drei Ecken führte mich dort hin. Leider war niemand da. Vielleicht wurde ich, der Beobachter, beobachtet, waren die Bewohnenden

1 Cay Dobberke, Tagesspiegel, „Bauprojekt City West. Investor Hines startet Abriss der Schmuddelecke am Zoo", 04.03.2015

oben:
Videostill,
Betteln an der Quelle

unten:
Videostill, klandestine
Waldsiedlung

dieses Camps gewarnt? Meine Neugier überwog Takt und Unrechtsbewusstsein. Ich musste sehen und festhalten. Danach wartete ich zwei Stunden, in der Hoffnung jemanden zu treffen – vergeblich. Die Skrupel, die Aufnahme hier zu zeigen, sind gemildert durch das Weglassen des letzten Teils der ursprünglichen Plansequenz: Er hätte dieses Versteck mit dem Stadtraum verbunden. So bleibt es klandestin, nicht lokalisierbar.

In Zürich sahen wir dunkelhäutige Menschen, die sich so durch die Stadt bewegten, dass sie möglichst nicht auffielen, nicht in Polizeikontrollen gerieten. Das heißt, sie mieden bestimmte Orte. Doch es ist das eine, festzustellen, *dass* bestimmte Menschen bestimmte Orte meiden. Das andere ist es, von ihnen zu erfahren, *warum* sie das tun, welche Überlegungen, Emotionen, Befindlichkeiten und Reaktionen damit verbunden sind. So erzählte uns beispielsweise auf einem gemeinsamen Spaziergang durch Zürich ein seit vielen Jahren – mittlerweile legal – in der Stadt wohnender Äthiopier, er zittere zuweilen immer noch, wenn er PolizistInnen sehe oder an angstbesetzten Orten aus seiner Zeit als „Illegaler" vorbeigehe.[2]

Uns war von Beginn an klar, dass wir im beobachtenden, phänomenologischen Modus schnell an Grenzen gelangen würden, an solche des Verstehens, der Empathie und an ethische Grenzen. Räume werden individuell sehr unterschiedlich wahrgenommen, erlebt und gedeutet, ja sie realisieren sich ein Stück weit erst in der individuellen Wahrnehmung und Deutung. Während physische Orte (Gehsteige, Straßen, Plätze, Bänke, Parks) über eine bestimmte Zeit stabil bleiben, prägen und verändern Menschen mit ihrer Wahrnehmung, ihrem Verhalten und ihren sozialen Beziehungen Orte dynamisch. Das Zusammenspiel von physischen Voraussetzungen und individuellen Eigenschaften, Ressourcen, Wahrnehmungen, Erwartungen, Deutungen und Verhaltensweisen lässt Orte im Verständnis von Pierre Bourdieu zu Räumen werden, in denen sich die soziale Stellung der AkteurInnen abbildet.[3]

Marginalisierte zu fotografieren, zu filmen – das war uns bewusst, bevor wir es vereinzelt dennoch taten – ist „Bilderstehlen", eine oberflächliche Kategorisierung und eine weitere Marginalisierung der Fotografierten/Gefilmten unsererseits.[4] Eine Unkenntlichmachung von Gesichtern oder Orten (wie bei den Clips auf Seite 1) kann nur eine Notlösung sein. So suchten wir den Austausch mit Menschen, die uns im öffentlichen Raum auffielen, sei es, weil sie lange und konstant bestimmte Orte frequentierten oder weil sie Räume anders brauchten als andere bzw. anders als vorgesehen. Dabei interessierte uns, welche konkreten subjektiven Wahrnehmungen und Erfahrungen hinter Begriffen wie „Verdrängung"

2 Video-Spaziergang mit Berhanu (Julia Weber, Jürgen Krusche, Mirjam Gautschi und Thomas Schärer), 16.12.2017

3 „In einer hierarchisierten Gesellschaft gibt es keinen Raum, der nicht hierarchisiert ist und nicht die Hierarchien und sozialen Distanzen zum Ausdruck bringt." Bourdieu, Pierre (1991): „Physischer, sozialer und angeeigneter physischer Raum", in: Wentz, Martin (Hg.): Stadträume, Frankfurt am Main, S. 25–34, hier S. 26 f. Orte sind nach Bourdieus Verständnis durch soziale Prozesse geprägt, in denen sich Sinnzusammenhänge, Bedeutungszuschreibungen, Distinktion als soziale Praxis, Handlungsoptionen, soziale Güter, Körper und Materie widersprüchlich verschränken.

4 Zum Verhältnis von Filmenden und Gefilmten und den damit verbundenen ethischen Fragen siehe: Schärer, Thomas (2016) „Die Kamera als Trenn- und Schnittstelle. Die Beziehung zwischen Filmenden und Gefilmten", in: Picard, Jacques/ Chakkalakal, Silvy/Andris, Silke (Hg.): Grenzen, Berlin, S. 111–133

und „Teilhabe" stehen: Wie nutzen und erleben Menschen, die tendenziell am Rande der Gesellschaft stehen, dorthin gedrängt werden (oder sich dort sehen), öffentliche Stadträume? Wo fühlen sie sich willkommen, wo nicht, und warum? Wie wehren sich Menschen gegen drohende Exklusion, sei sie real oder befürchtet? Wie nehmen sie ihre eigene Situation wahr, wie reden sie darüber? Stellen sie sie in den Zusammenhang größerer gesellschaftlicher Prozesse? Welche Zusammenhänge bestehen zwischen erlebter, befürchteter und objektivierbarer Exklusion? Die subjektiven Sichtweisen und Deutungen der Betroffenen und die daraus resultierenden Handlungen standen im Vordergrund. Viele dieser Erfahrungen hielten wir mit dem Einverständnis unserer GesprächspartnerInnen audiovisuell fest. Dass die wenigsten mit (zunächst) Fremden über unangenehme Situationen reden wollten, umso weniger, wenn diese Mikrofon und/oder eine Kamera mitführten, war vorauszusehen. So waren Zeit, Geduld, Neugierde, Offenheit, Ehrlichkeit, Beharrlichkeit und Frustrationstoleranz beiderseits nötig. Wie oft wir vergeblich versuchten, in ein Gespräch zu kommen, (umsonst) bei Verabredungen warteten, für ZivilpolizistInnen oder Spitzel gehalten wurden, sei hier nicht weiter ausgeführt.

Leitend für die folgende fragmentarische Auswertung einiger unserer Gespräche, gemeinsamer Spaziergänge (Video-Walks) und Beobachtungen sind diese Fragen: Was tun Menschen bewusst oder unbewusst, einzeln oder in einer Gruppe, um einer ihnen (gefühlt oder real) drohenden Verdrängung zu begegnen? Wie mobilisieren sie Ressourcen, nehmen Anteil an Räumen und prägen sie mit? Dabei gehe ich von subjektiven, konkreten Erfahrungen aus und vergleiche sie in der Absicht, gewisse intersubjektive Muster zu erkennen.

Im Wesentlichen stütze ich mich auf Begegnungen mit einer Einzelperson und drei Gruppen und fokussiere jeweils unterschiedliche Aspekte: Bei der älteren Obdachlosen Marianne in Zürich wie auch bei einer Gruppe von AktivistInnen, die sich im öffentlichen Raum gegen ein Wasserkraftwerk in Graz wehrten, interessiert mich die Frage, wer und was in unterschiedlichen Bedrohungs- bzw. Ausgrenzungssituationen zu Verbündeten bzw. Ressourcen werden kann. Bei einer Gruppe von Obdachlosen, die sich vor allem rund um den Bahnhof Zoo und den Tiergarten in Berlin aufhielt, wie auch bei einer Gruppe von alternativ Lebenden („AussteigerInnen") im „Teepeeland" am Spreeufer, ebenfalls in Berlin, interessieren mich Gruppendynamiken und eigeninitiierte Regeln von Menschen am Rande oder außerhalb der Gesellschaft. Fördern diese Regeln die Partizipation, das Zusammenleben und die Selbstermächtigung in potenziell bedrohten Lebensmodellen? Oder verfestigen sie informelle Hierarchien und wirken letztlich ausschließend?

Nicht mal
eine Firma
wie Thyssen
Krup nehmen
sie Ernst??

Polizei Beamte/
in, Sie zuri▼??
Benehmen?
Beyuemlichkeit?
Korrupt?

Der Satan herrscht
bei Beamte u. Polizei
sogar Ärzte stellen
falsch Diagosen Sch
Psychisch?

Videostills,
Marianne im Gespräch

Erfahrungen
Marianne sucht Verbündete

Marianne Wimmer hielt sich im Winter 2017 oft in der Zürcher Zentralbibliothek auf, vor allem in der Cafeteria. Auch in der nahe gelegenen Pestalozzi-Bibliothek verbrachte sie ganze Tage. Die ältere Frau war viel zu Fuß unterwegs, die Straßenbahn konnte sie sich nicht leisten. Ihre Nächte verbrachte sie draußen, an verschiedenen Orten. Einige zeigte sie mir.

In Acht nahm sie sich vor PolizistInnen, da diese kein Benehmen hätten, „nur ans Geld denken, korrupt sind", sowie vor aufsuchenden Sozialarbeitenden der SIP [Sicherheit, Intervention, Prävention]. „Die wollten mich umbringen", sagt sie. Auch Jugendlichen begegnete sie eher mit Misstrauen, nachdem einige ihren Schlafsack in Brand gesteckt hatten. Sie zeigte mir ihre Brandwunde und kommentierte lakonisch: „Ich höre gut und sehe gut, sonst wäre ich schon lange tot. Das musst Du können auf der Straße." Die Halle des Zürcher Hauptbahnhofs mied Marianne, dort gäbe es Polizei, Jugendliche und SIP im Übermaß.[5]

Um (über-)leben zu können, suchte sie sich gezielt „Verbündete", Menschen, von denen sie sich Unterstützung erhoffte, die für sie zu Ressourcen werden konnten. Erfolgreich war sie dabei oft bei Lehrpersonen und Studierenden. Als sie mich im Februar 2017 in der Cafeteria der Zürcher Zentralbibliothek ansprach, sah sie sicherlich auch in mir eine potenzielle Ressource. Bei ihren „Verbündeten" suchte sie nicht in erster Linie materielle Unterstützung, sondern Austausch, Informationen, Rat und Rückhalt. So versuchte sie, die Tipps eines Lehrers und eines Geschäftsmannes zu beherzigen, sie solle keinen Becher vor sich stellen, um zu betteln, das sei verboten. Wenn sie direkt auf Leute zugehe und sie frage, sei nichts dagegen einzuwenden. Allerdings zeigte sie sich nur bedingt lernfähig; als ich sie das zweite Mal – nun verabredet – traf, war ihr gerade von einem Polizisten Geld konfisziert worden, das sie offensichtlich mit einem vor sich stehenden Becher erbettelt hatte. Für ihre Einkünfte von 2,55 Franken erhielt sie ordnungsgemäß eine Quittung, die sie mir fast stolz zeigte. Ich versuchte, ein geduldiger Zuhörer zu sein. Eindringlich, aber meist unzusammenhängend erzählte sie aus ihrem Leben voller Schicksalsschläge. Konziser wurde sie während unseres Spaziergangs durch das Zürcher Niederdorf. Sie zeigte mir unter anderem Orte und Personen, die für sie zu „Verbündeten" oder zu Ressourcen geworden waren.

17. März 2017[6]: Mit wachen Augen mustert Marianne die Eingangstreppe. Sie ist schlank, drahtig gar. Unauffällig bis gut gekleidet, bewegt sie sich schnell auf ihren weißen Turnschuhen. Ihr Mund ist in ständiger Bewegung, auch wenn sie schweigt. Ihre

5   „Wir kennen vermutlich die meisten. Es ist kein Überwachungsstaat. Es gibt Klienten, mit denen hatten wir noch nie zu tun. Wimmer kennen wir (…). Die SIP kann nicht wegweisen, wir haben keine polizeiliche Gewalt. Wir sensibilisieren, wir erklären. In aller Regel wirkt das. Wenn nicht, dann ziehen wir die Polizei bei. Dann kann man Wegweisungen aussprechen. In der Regel verwarnt der Polizist, möglich sind Wegweisungen für 24 Stunden. (…) Bettelnde Personen im Hauptbahnhof werden relativ schnell weggewiesen, auch von der Bahnhofstrasse." Peter Laib (Teamleiter sip züri). Gespräch von Julia Weber und Thomas Schärer mit Simon Weis (Stabsmitarbeiter/Konfliktmanager) und Peter Laib, 22.06.2017

6   Video-Spaziergang mit Marianne von der Zentralbibliothek zum Hauptbahnhof, Zürich, 17.03.2017, Gespräch und Kamera: Thomas Schärer (im Folgenden immer, falls nichts anderes erwähnt)

7   Die Zürcher Tageszeitung „Tages-Anzeiger" berichtete gleich zweimal über die eigenwillige Frau: Martin Sturzenegger, „Die Zürcherin, die niemals schläft", 01.02.2017; Martin Sturzenegger, „Marianne von der Polizei verjagt", 24.02.2017

Lippen bedecken ihre wenigen Zähne im Unterkiefer kaum. Wir stehen vor der Zürcher Predigerkirche. Hier verbrachte sie einen Großteil des Winters 2016/2017. Die Kirche tolerierte sie da, obwohl die Treppe wegen Gottesdiensten und Konzerten auch über Mittag viel begangen ist. Das Liegen auf den Steinstufen war eine Tortur: „Es gibt keine Bequemlichkeit auf der Straße." Sie erregte Aufsehen und wurde nach einiger Zeit weggeschickt, erzählt sie in bayrischem Dialekt.[7] Zurzeit hause sie bei einer Bekannten am Zürichberg in einer Garage, das sei besser, aber nur ein Provisorium, bis sie ihr Wohnmobil zurückerhalte.

Auf dem Weg Richtung Hauptbahnhof winkt Marianne einem jungen Mann in einem Döner-Stand. Hier wärmt sie sich ab und zu auf und erhält immer wieder mal etwas zu essen geschenkt. Am Bahnhofsplatz erzählt sie mir von einer weiteren „Verbündeten". Die frühere Geschäftsführerin von Zigarren Dürr hatte Marianne erlaubt, dass sie sich nach Ladenschluss vor dem Eingang installierte, auf privatem Grund. Die Sicherheitsleute und PolizistInnen, die hier oft Streife laufen, konnten sie nicht wegweisen, im Gegenteil: „Frau Dürr meinte, ich sei ihre Security." Sie habe gesagt, „die Frau ist in Ordnung, die trinkt nicht, die ist sauber, die kann da sein". Hier verbrachte Marianne während dreier Monate ihre Nächte. Wie ein Theater habe sich ihr das Treiben auf dem Bahnhofplatz dargeboten: Die PassantInnen, die Trams, die auf Kundschaft wartenden Taxi-Chauffeure. Um die Ecke befindet sich das Büro eines Rechtsanwalts, der sie eines Nachts gerettet habe. Man habe sie zwangsmäßig in die Psychiatrie einweisen wollen, aber er habe sich für sie eingesetzt. Schon sind wir auf dem Weg dahin, im Lift; ihrer Entschlossenheit habe ich nichts entgegenzusetzen. Im Büro angekommen, will sie aber niemand kennen, wir werden fortgeschickt. Auffällig freundlich wird Marianne im nahen Starbucks-Café bedient. Sie ist hier offensichtlich Stammkundin, erhält auch mal einen Gratis-Kaffee. Ein weiterer Zufluchtsort ist die Bahnhofshilfe, ein bisschen versteckt in einem Zwischengeschoss des weiterverzweigten Bahnhofuntergrunds. Hier versorgt sie sich mit Sandwiches, scherzt mit der Dame am Schalter. Fast automatisch scheint sie Menschen auf ihre potenziellen Bündnis-Qualitäten abzuscannen, so auch zwei junge Frauen, in deren Nähe wir uns setzen. Sie sammelt Telefonnummern und nutzt sie auch, wie ich aus eigener Erfahrung weiß: „Es muss jemand in der Nähe sein, Studenten, die dich kennen. Die Polizei droht. Die wollen, dass ich keinen einzigen Rappen habe. Ich soll krepieren." Vor dem Kaffee „schnorrt" sie von einem jungen Mann eine Zigarette und lässt sich Feuer geben. Sie hat einen neuen Gesprächspartner, eine neue Ressource. Ich verabschiede mich, nach über zwei Stunden intensiven Zuhörens und Fragens bin ich erschöpft.

Marianne suchte Kontakt, immer, überall. Viele wandten sich relativ schnell von ihr ab. Nicht, weil sie auf den ersten Blick als obdachlos aufgefallen wäre. Ihre Erzählungen von PolizistInnen und Verwandten, die sie verfolgten, mochten ihrer Erfahrung entsprechen, ich allerdings konnte mich des Eindrucks nicht erwehren, sie leide an Verfolgungswahn. Ihre vielen Bekannten, von denen sie erzählte – einige trafen wir gemeinsam – zeigten aber, dass sie es schaffte, Beziehungen aufzubauen.

Marianne versuchte auch noch auf einer weiteren Ebene zu kommunizieren: mit zahlreichen, dicht beschriebenen Tafeln, die sie jeweils vor ihrem Gepäck zur Schau stellte. Da war etwa neben einem Heiligenbildchen zu lesen: „Polizei, Beamte/in, Sip Zürich !?? Benehmen? Bequemlichkeit? Korrupt?". Ihre Deutungen und Botschaften mochten kryptisch wirken, befremden oder abstoßen, doch sie alle waren Kommunikationsangebote, auch Hilferufe. In ihrem umfangreichen Gepäck, das sie immer wieder mal an „sicheren" Orten wie der Cafeteria der Zentralbibliothek deponieren konnte, befanden sich mehrbändige Lexika und Gesetzsammlungen. Sie müsse doch nachschauen können, wenn sie ein Wort nicht verstehe, erklärte sie mir. Ihre Lage war prekär, ihre Kontaktversuche oft vergeblich und ihre „Bündnisse" allzu oft ephemer. Dennoch schaffte es Marianne, ein Stück weit die Kontrolle über ihre Lage zu behalten, eigene Entscheidungen zu treffen. Deswegen strahlte sie auch eher Lebenswillen und eine gewisse Energie aus als Bedürftigkeit und Resignation, was ihr wiederum half, ihre fragilen Bande zu knüpfen. Gesehen und gehört habe ich nach einem letzten Anruf Anfang 2018 nichts mehr von ihr. Die erhoffte Hilfe war ich nicht. Ihre Frage, ob sie bei mir wohnen könne, überforderte mich. Mein „nein" war kleinlaut und hilflos.

Versuche der Aneignung und des Schutzes von „Natur"-Raum: Widerstand gegen den Bau des Murkraftwerks in Graz aus der Sicht Annas und ihrer MitstreiterInnen

Einer anderen Art von Versuchen, im öffentlichen Raum Bündnisse zu schmieden und Ressourcen zu erschließen, begegnete ich – zusammen mit Julia Weber, später auch mit Aya Domenig – bei einer Gruppe von AktivistInnen, die sich ab 2017 gegen den Bau eines Kraftwerks an der Mur wehrten. Eine zentrale Ressource dieses vielfältigen Widerstands war der öffentliche Raum. In unzähligen Demonstrationen durch die Grazer Innenstadt äußerten Menschen ihren Unmut über den Bau eines Kraftwerks von relativ beschränkter Leistung, welcher die Mur und ihr Ufer im Stadtzentrum über Kilometer nachhaltig verändern sollte. Dem bis zu drei Meter höheren Wasserspiegel und dem Bau eines Entwässerungskanals fielen Bäume und Schrebergärten zum Opfer.

Demonstrationen (mit bis zu 2000 Teilnehmenden), Stand-
aktionen, Protestcamps und kontroverse öffentliche Diskussionen
vermochte die Bauherrschaft – darunter die Stadt Graz – nicht von
ihrem Vorhaben abzubringen. Mit Baubeginn und vor allem mit
dem Beginn umfangreicher Baumfällungen veränderte sich sowohl
die Zusammensetzung wie die Form des Widerstands. Neben der
seit 2009 aktiven und nach wie vor bestehenden Gruppierung „Rettet die Mur"[8], die auf politischen und juristischen Wegen kämpfte,
wurde ab 2017 eine lose Gruppierung unter dem Label „Murcamp"
aktiv. Ihre Aktionen konzentrierten sich auf das Murufer. An verschiedenen Stellen bauten sie mindestens drei „Murcamps" auf, die
allesamt geräumt wurden. Die AktivistInnen hielten sich teilweise
über Monate auf der öffentlichen Murpromenade und der Böschung
der Mur auf. Sie versuchten so einerseits bei PassantInnen Aufmerksamkeit für das geplante Bauprojekt zu generieren, andererseits wollten sie konkret das „Ufer schützen", wie Anna und Bernd
erklärten, zwei der Protestierenden, die den Sommer 2017 fast un-
unterbrochen in diesem Camp verbrachten. Der Schutz der Natur
und die öffentliche Zugänglichkeit des Murufers waren zentrale Anliegen der Auseinandersetzungen auf und um öffentliche Räume.

Nach ersten Rodungen im Februar 2017 spitzte sich die Lage
zu, fast täglich gab es Protestaktionen.[9] Ein erstes Camp entstand
Anfang Februar, einige Zelte auf der Höhe des Puchstegs. Nach dessen Räumung am 10. Februar 2017 entstand weiter flussaufwärts
auf der Höhe der Wohnsiedlung Am Landwehr das zweite, größte
Murcamp: ein Zeltlager sowie mehre Holzhütten und Infostände, die
durch mindestens drei Baumhäuser ergänzt wurden. Die Räumung
des zweiten Camps am 3. Juli 2017 durch die Polizei, die Holding
Graz und die Feuerwehr war für die Protestierenden eine Überraschung, nur ein Murcamp-Aktivist verbrachte die Nacht auf einem
Baumhaus. Sie hätten mit der Polizei einen guten Kontakt gepflegt,
erklärte uns Anna. Sie hätte darauf geachtet, dass die Protestierenden neben dem Camp den Radweg, bei dem es sich um öffentlichen
Grund handelt, freiließen. Die meisten seien freundlich gewesen,
auch die später aufgebotenen Security-Mitarbeitenden. Als Anna
von der Räumung erfuhr, sei sie schnellstmöglich hingefahren – so
wie wir auch. Wie viele andere sei auch sie von PolizistInnen und
Sicherheitsleuten am Betreten des Geländes gehindert worden. Die
AktivistInnen errichteten auf der anderen Murseite umgehend ein
drittes Camp.

6. Juli 2017: Anna und Bernd begrüßen uns aus etwa 10 Me-
tern Höhe von einem Baum herab. Bernd baut fieberhaft, das neue
Baumhaus muss so schnell wie möglich fertig werden. Drei Tage
zuvor wurde das zweite Murcamp am gegenüberliegenden Ufer

8   Die Plattform der Gruppe „Rettet
die Mur" besteht weiterhin. Zentraler
Bestandteil dieser Seite sind zahlreiche Testimonials von Persönlichkeiten aus der Politik, der Wissenschaft
und der Kultur, http://www.rettetdie-
mur.at, Zugriff am 05.05.2020

9   Ernst Grabenwarter, Kronen
Zeitung, „Proteste gegen Grazer
Murkraftwerk sind abgeebbt",
26.06.2018

geräumt, Überreste zerstörter Baumhäuser liegen auf der Ufer-böschung. Anna seilt sich ab, kommt zu uns, erzählt hinter einem eben erst aufgebauten Holzsessel mit Infostand am schmalen, as-phaltierten Uferweg. Sie ist mittleren Alters, ihre Kinder sind vor kurzem ausgezogen. Wie ihre KollegInnen ist sie wütend über die Räumung, gleichzeitig aber voller Elan, ein neues Camp, das dritte, aufzubauen. Ein Mitstreiter ist daran, auf den Asphalt des Uferwegs „Achtung Natur" zu sprayen.

Helfer tragen Bretter die Uferböschung hinab und ziehen sie an Seilen in die Höhe. Ein Dutzend Leute soll das Baumhaus fassen, wenn es fertig ist. Dieses Haus, bereits das sechste des Er-bauers, „Baumbernd", symbolisiert den Widerstand gegen das ge-plante Kraftwerk und hat gleichzeitig eine praktische Funktion: Menschen auf den Baumkronen sollen die Bäume vor anrückenden Baumaschinen und Sägen schützen. Die Murcamp-Leute sprechen von 16 000 Bäumen, die der Befestigung und Erhöhung der Ufer zum Opfer fallen werden.[10]

Dieses Baumhaus erregt, wie schon seine Vorgänger, Auf-merksamkeit und Interesse bei PassantInnen. Hier sind diese aller-dings spärlicher als am gegenüberliegenden Ufer. Einige bleiben am Tisch mit Informationsbroschüren stehen, suchen das Gespräch, sympathisieren, jedoch lange nicht alle. Ein älterer Mann flitzt auf seinem Fahrrad vorbei und ruft uns zu: „Wie wär's mit Arbeiten?" Anna erzählt von Interessierten, die regelmäßig das zweite Mur-camp besuchten, sei es, weil sie sich mit dem Anliegen solidari-sierten oder weil sie sich informieren wollten. Ein Biologie-Lehrer sei mit seiner Klasse regelmäßig in das Camp gekommen und habe ökologische Zusammenhänge vor Ort vermittelt. Schließlich seilt sich Bernd vom Baumhaus ab, ein junger Mann mit blondem Bart und hochgesteckten Rastas, der von der wunderbaren Naturland-schaft Mur schwärmt, von den Raben, die ihn begleiten. „All das soll verloren gehen?"

Ressourcen: Aufmerksamkeit durch symbolische Handlungen und Objekte im öffentlichen Raum

Als sich der Konflikt bei der Räumung des zweiten Protest-camps zuspitzte, brachten die Protestierenden mit einem Flashmob ihr Anliegen auf den Hauptplatz – mit einem kleinen Zeltdorf, Trans-parenten und einem Infostand. Viele Leute hätten gespendet und sie ermuntert, sie sollten sich nicht vertreiben lassen, erzählten Anna und Christopher. Allerdings ließ die Polizei sie nur zwei Stunden gewähren, danach mussten sie den Platz verlassen.

Die Medienaufmerksamkeit stieg kurzfristig, neben den lo-kalen Medien berichteten zunehmend auch nationale wie die Wie-ner Tageszeitung „Der Standard" oder das öffentlich-rechtliche

10 Auf der Höhe der Camps 2 und 3 stieg der Wasserspiegel um knapp zwei Meter.

links:
Das zweite Murcamp
an der linken
Murpromenade,
Juli 2017,
Foto: Murcamp

oben:
Videostills,
Begegnungen
vor dem letzten
Baumhaus (Anna,
Christopher, Bernd)

unten:
„Baumbernd" ver-
schafft sich Gehör,
Foto: Murcamp

Auf dem Grazer Hauptplatz, einen Tag nach der Räumung
des zweiten Murcamps, 03.07.2017, Fotos: Jürgen Krusche

Fernsehen ORF, die meisten mit diskretem Wohlwollen für die RetterInnen der Mur.[11] Die Berichterstattung erwies sich allerdings nicht durchweg als Ressource für ihr Anliegen. Verletzt hatte Anna und ihre MitstreiterInnen ein Bericht der Zeitung *Der Grazer* mit dem Tenor, im „Murcamp" hätte eine „üble Sauordnung" geherrscht, sie als NaturschützerInnen hätten überall Abfall liegen gelassen.[12] Das habe der Bewegung enorm geschadet, vor allem bei eher konservativen Leuten, die der Bewegung fernstanden, aber vielleicht dennoch gewisse Sympathien für sie hegten.

Nach einem kurzfristigen Aufmerksamkeits-Hoch während und nach der Räumung des zweiten Murcamps, dem noch einige Berichte über Klagen und Urteile folgten, schwand das Interesse für das kleinere, dritte Nachfolgecamp am weniger frequentierten Murufer. Zudem hatte die Bauherrschaft ab Oktober 2017 – als wieder gefällt werden durfte – aus der ersten Phase des Widerstands gelernt: Sie fällte Bäume gleichsam guerillamäßig, in kleinen Tranchen, darauf geschah oft wochenlang nichts. Sie erreichte ihr Ziel: Der Widerstand konnte sich kaum formieren, war zermürbt und die öffentliche Aufmerksamkeit blieb gering: „Wir wollten wieder einen kraftvollen Widerstand, dass es wieder in die Zeitung kommt."[13]

Auch deshalb wandten sich im Winter 2017/2018 Frauen mit einer Mahnwache jeweils donnerstags auf der Hauptbrücke in der Innenstadt an PassantInnen und verteilten Tausende von Flyern. Doch das Momentum des Widerstands war gebrochen. Der Abbruch des dritten Camps Mitte Juni 2018 blieb von der Öffentlichkeit fast unbemerkt.[14]

Nicht nur Demonstrationen und Aktionen erregten Aufsehen, sondern wie angesprochen auch die physische Stellung der Protestierenden im öffentlichen Raum. Die Baumhäuser materialisierten die Idee des Widerstands und zeigten indirekt die Kräfteverhältnisse auf: einerseits die Bauherrschaft, die mit einem großen Aufwand an Material, neuster Technologie und Arbeitskraft ihr Ziel verfolgte, andererseits der bricolageartige, sportliche und ephemere Einsatz einiger Unentwegter, die oft Wochen und Monate ihrer Zeit investierten und zur Verhinderung von Räumungen auch in den Baumhäusern übernachteten.

Gesetze und Rechtsprechung als Ressource
Neben den symbolisch-praktischen Qualitäten eines friedlichen Widerstands führte die Gruppe auch rechtliche Aspekte an, die in ihren Augen für Baumhäuser sprachen: Die Uferböschung, auf dem die Bäume standen, sei nicht Besitz der Stadt – der Bauherrin des Kraftwerks – sondern des Landes. Eine Räumung dieser Bauwerke bräuchte also die Bewilligung des Landes Steiermark,

11 Colette M. Schmidt, Der Standard, „Räumung des Murcamps: ‚Man ist halt machtlos gegen den Apparat'", 03.07.2017; Colette M. Schmidt, Der Standard, „Nach Räumung am Fluss: Murcamp schlug Zelte auf Grazer Hauptplatz auf", 04.07.2019; Colette M. Schmidt, Der Standard, „Aktivisten sehen Menschenrechtsverletzung durch Murcamp-Räumung. Vorwurf der Kraftwerksgegner: Beschneidung der Versammlungsfreiheit, unterschlagenes Inventar", 19.03.2019; „Murkraftwerk: Protestcamp geräumt", 10.02.2017, https://steiermark.orf.at/v2/news/stories/2824937/; „Murkraftwerk: VfGh prüft Camppräumung", 25.01.2018, https://steiermark.orf.at/v2/news/stories/2891544/, Zugriff auf alle ORF-Beiträge am 21.05.2020
12 Gespräch mit Anna am 02.07.2018

13 Video-Spaziergang mit Anna, 02.07.2018

14 Ernst Grabenwarter, Kronen Zeitung, „Proteste gegen Grazer Murkraftwerk sind abgeebbt", 26.06.2018

46

zudem benötigten Baumhäuser praktisch keine Grundfläche, sondern nur einen Luftraum.[15] Diese Begründungen waren rechtlich nicht bis ins letzte Detail abgeklärt, aber sie bestärkten die AktivistInnen emotional in ihrem Tun.

Nach der Räumung des zweiten Camps hing am Zaun des abgesperrten Geländes – das auch den öffentlichen Radweg umfasste – eine Verordnung der Landespolizeidirektion Steiermark, welche die Räumung der Murpromenade anordnete: „(…) die Besetzung der vorgenannten Öffentlichkeit stellt einen schwerwiegenden Eingriff in die Rechte des Besitzers [der Stadt Graz] dar". Zudem stellte der Aushang ein Betreten unter Strafe. Dies sei eine Menschenrechtsverletzung, eine Verletzung der Versammlungsfreiheit und eine Unterschlagung von Inventar, entgegneten einige AktivistInnen mit Erfolg.[16] Gegen die Aussperrung und gegen die rechtliche Begründung derselben erhob der Murcamp-Aktivist Andreas Polegeg am 14. August 2017 beim Landesverwaltungsgericht Steiermark eine Maßnahmebeschwerde und erhielt 18 Monate später das Urteil, er sei widerrechtlich weggewiesen und das Recht auf „Versammlungsfreiheit" verletzt worden.[17] Dieses erfolgreiche Einfordern von Recht – eine wichtige Ressource in einer funktionierenden Demokratie – einiger weniger änderte jedoch nichts an der Tatsache, dass sich der Widerstand nach der Räumung des zweiten Murcamps zunehmend fragmentierte.[18]

NachbarInnen: Anwohnende und Pachtschrebergärten

Eine weitere, allerdings nur beschränkt ergiebige Ressource des Widerstands waren im zweiten Murcamp die AnwohnerInnen der Siedlung Am Landwehr und die (ehemaligen) PächterInnen der an die Mur angrenzenden Schrebergärten an der Angergasse. Die Protestierenden bepflanzten (mit dem Einverständnis der ehemaligen PächterInnen) einen Teil der Gartenfläche weiter und versuchten mit wechselndem Erfolg, sie in ihren Widerstand einzubeziehen. Sie ermunterten sie, sich nachträglich gegen die Kündigung ihrer teilweise jahrzehntelang bestehenden Pachtverträge zu wehren. Nach einem anfänglichen Zusammengehen gaben aber restlos alle ihren Widerstand auf. Zu belastend seien die Besprechungen mit Rechtsanwälten für viele gewesen. Einige erhielten auch Angebote für andere Standorte und/oder Entschädigungen.

Welche Bedeutung viele dieser Gärten hatten, wurde uns bewusst, als uns eine junge Frau vor ihrem abgesperrten Garten erzählte, wie sie dort aufgewachsen sei, fast jede freie Minute mit ihren Eltern und Geschwistern dort verbracht habe und dies als junge Mutter bis vor kurzem selbst auch so hielt. Das Gartenhaus, das ihr Vater gebaut hatte, stand noch, war aber lädiert und wurde

15 Anna, vor dem ehemaligen zweiten Murcamp stehend: „Die Hälfte des [Mur-]Weges gehört zu diesem Haus, ein Teil der Stadt und die Böschung ist Staatsbesitz." Videospaziergang mit Anna, 02.07.2018
16 Colette M. Schmidt, Der Standard, „Aktivisten sehen Menschenrechtsverletzung durch Murcamp-Räumung", 19.07.2017
17 „Das Landesverwaltungsgericht Steiermark hat durch den Richter Mag. Dr. Kundegraber über die Beschwerde des Andreas POLEGEG, geb. am 15. Oktober 1968, (…) wegen unmittelbarer sicherheitsbehördlicher Ausübung von Zwangsgewalt, zu Recht erkannt: (…) Durch die Verweigerung des Zutrittes zur Versammlung (‚Murcamp') am 3. Juli 2017 um ca. 08.00 Uhr durch ein Organ des öffentlichen Sicherheitsdienstes wurde der Beschwerdeführer in seinem Grundrecht auf Ausübung der ‚Versammlungsfreiheit' verletzt." [Heraushebungen im Original], Urteil vom 05.12.2018, https://www.murxkraftwerk.at/briefverkehr/erkenntnis-gz-lvwg-203-22512017-19-landesverwaltungsgericht-steiermark-die-raeumung-des-murcamps-war.html, Zugriff am 13.02.2020
18 Natürlich berief sich auch die Bauherrin auf das Recht, zeigte Demonstrierende vor allem im Oktober 2017 systematisch wegen Baustellenbetretung an und schüchterte damit viele ein. Anna: „Es war eine schwierige Geschichte mit den Anzeigen und den Gerichtsverhandlungen, weil die Menschen nicht gerne in der Öffentlichkeit darüber reden wollten. Es gab nicht so hohe Strafen, wir haben eine Soliparty gemacht [und Geld gesammelt]."

Undatierte und
unsignierte Flugblätter
(rechts ein Bildstreifen
mit den Maßen
41 × 15 cm, Original A5,
Vorder- und Rückseite),
im Sommer 2017 vor
Ort gesammelt

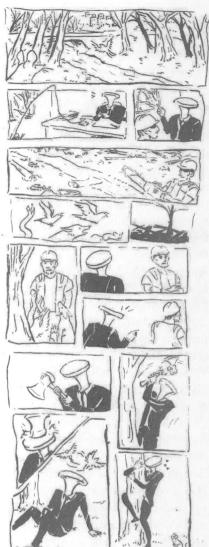

Murcamp!

- für eine **Idee** mit unserer Stimme!
- für eine **liebevolle Welt** in der wir
denen eine Stimme geben, die sich nicht
selbst verteidigen können!

**für den Erhalt eines Lebensraumes für
Mensch, Tiere und Pflanzen!**

**Gegen eine politikmache der Mächten
und für einen Volksentscheid!**

LOVE, PEACE
& HARMONY

voices4nature

Videostill, Baumaschinen
zwischen Schreber-
gärten, Puchsteg

unten:
Screenshots aus Franz
Keppels Video „Der
Baumschmäh", https://
www.youtube.com/
watch?v=txHjwk4unC4,
Zugriff am 07.10.2020

Videostills, Räumung
des zweiten Murcamps
am 03.07.2017

19 Video-Gespräch von Thomas Schärer und Julia Weber mit Jeannette Meister, Graz, 09.07.2017

in den folgenden Tagen dem Erdboden gleichgemacht. Wie eine Vertreibung aus dem Paradies komme ihr das vor.[19]

Weitere Verbündete suchten die Murcamp-Leute bei den Bewohnenden der Siedlung Am Landwehr, die unmittelbar an die Murpromenade angrenzt. Mit Flugblättern und während Gesprächen luden sie Anwohnende zu Veranstaltungen ein. Einige seien regelmäßig vorbeigekommen und hätten Suppe gebracht oder unterstützende Briefe geschickt. Allerdings seien sie auch aggressiv beschimpft worden, räumt Anna ein.

Ressourcen: Bilder

Der Kampf um die öffentliche Aufmerksamkeit – die zentrale Ressource des Widerstands – war auch ein Kampf mit und um Bilder. Zentral dabei waren nicht nur die Selbstdarstellungen durch Flyer, Demonstrationen, Stände und „Performances", sondern die bildlich-mediale Resonanz dieser Äußerungen und Aktivitäten. Mehrere Websites („Rettet die Mur", „Murcamp", „Murxkraft")[20], YouTube-Kanäle und Facebookgruppen dokumentierten den Beginn der Rodungen am Murufer ab Januar 2017 sowie die Bauarbeiten und den Widerstand dagegen mit Fotos und Videosequenzen. Bilder von Menschen, die sich vor Baumaschinen stellten oder sich an Bäume ketteten, entwickelten eine erhebliche Wirkung und kursierten in offiziellen Medien. Nicht von ungefähr wurde das Gebiet beim Niedersägen der Baumhütten des zweiten Murcamps im Juli 2017 weitläufig abgeriegelt. Man wollte Aufnahmen, die bei der Räumung des ersten Murcamps beim Puchsteg im Februar 2017 entstanden waren, offensichtlich vermeiden: Einige wenige, die sich Bulldozern entgegenstellten, und Kahlschlag – diese starken Bilder hätten sogar bei KraftwerkbefürworterInnen ihre Wirkung entfalten können.[21] Der Fischer Franz Keppel, Betreiber des YouTube-Kanals „Huchenfranz"[22], dokumentierte den reichhaltigen Fischbestand in der Mur vor dem Bau und die Rodungen in Stand- und Bewegtbild über Jahre und wehrte sich gegen Wegweisungen. „Ich lass mich nicht von meinem Mur-Raum wegsperren, der gehört uns allen"[23], sagt er uns.

Das Wissen um die potenzielle Kraft der Bilder erlebten auch wir, als wir wiederholt mit einer kleinen Videokamera erschienen, beispielsweise am Morgen der Räumung des zweiten Murcamps. Alle Anwesenden ließen sich freimütig filmen, sprachen unaufgefordert in die Kamera, die sie (genau wie uns) offensichtlich als potenzielle Verbündete in ihrem Widerstand wahrnahmen.

Nachdem im Oktober 2017 viele AktivistInnen nach Widerstandsaktionen wiederholt angeklagt und angezeigt (einige auch freigesprochen) wurden und die mediale Resonanz abebbte, verloren die meisten ihren Widerstandsgeist, obwohl die einschneidenden

20 Die Webseite der Gruppe „Murcamp" ist nicht mehr aktiv. Es existieren noch: www.murxkraftwerk.at, http://www.rettetdiemur.at, Zugriff am 31.08.2020

21 Auch die Kraftwerksbetreiber arbeiteten mit Bildern. Auf großen Schautafeln war der Murstausee mit grünen Ufern visualisiert. Allenfalls wird es in 40 Jahren ähnlich aussehen, allerdings werden die Bäume an den betonierten und untertunnelten Ufern nie mehr so hoch werden können wie zuvor.

22 Huchen sind auch unter dem Namen Donaulachs oder Rotfisch bekannt. Sie können bis zu 170 Zentimeter lang und 50 Kilogramm schwer werden. YouTube-Kanal „Huchenfranz": https://www.youtube.com/channel/UCPWhUM_RdzgttJRU-V7ubaXg, Zugriff am 26.8.2020

23 Gespräch von Julia Weber und Thomas Schärer mit Franz Keppel, 04.07.2017. Keppel wurde von der Murkraftwerk Graz Errichtungs- und BetriebsgmbH, einer Tochtergesellschaft der Energie Steiermark Green Power, der Energie Graz und der Verbund Hydro Power, angeklagt, die Baustelle ohne Bewilligung betreten und die Arbeiten behindert sowie den Widerstand „angestachelt" zu haben. Am 11.10.2017 wurde er in zweiter Instanz freigesprochen. „Besitzstörung: Murkraftwerk-Gegner vor Gericht", https://steiermark.orf.at/v2/news/stories/2841751/, Zugriff am 15.04.2020

Eingriffe in den Stadtraum erst dann richtig begannen. Die Murpromenaden wurden beidseitig in Etappen insgesamt über fast zwei Kilometer abgesperrt und waren teilweise bis zu zwei Jahre lang nicht mehr begehbar. Der Widerstand gegen das Projekt und die massive Beschneidung der Bewegungsfreiheit im öffentlichen Raum flackerte im September 2018 erneut auf, als der beliebte Augarten-Park für großflächige Geländearbeiten im Rahmen der Aufstauung abgesperrt wurde. Schilder der Stadt Graz, die wir im Sommer 2017 an der Murpromenade sahen, wirken im Rückblick absurd: „Liebe BesucherInnen der Murpromenade. Sie betreten wertvollen Naturraum – bitte genießen, aber zerstören Sie ihn nicht!"

Das Kraftwerk wurde am 8. Oktober 2019 in Betrieb genommen und als grüne Pioniertat gefeiert.[24] Die Mur ist heute kein schnellfließender Voralpenfluss mehr, sondern ein langgezogener Stausee mit aufgeschütteten, kahlen Ufern. Anna und viele weitere ehemalige AktivistInnen meiden heute die Orte des ehemaligen Widerstands, zu schmerzhaft seien die Erinnerungen. Anna bricht in Tränen aus, als wir im Sommer 2018 vor der gerodeten, abgesperrten Fläche des ehemaligen Murcamps 2 stehen. Gegen den Lärm der Baumaschinen und Lastwagen ansprechend sagt sie: „Es ist traurig, wenn man sieht, wie viel Leben hier war. Für diese Natur alles aufzugeben, das hat mich motiviert."[25] Die Stadt Graz und die Polizei hätten mit harten Bandagen gekämpft und nicht immer mit sauberen Karten gespielt. So habe sie erlebt, wie ein Teil der Murpromenade unter dem Vorwand der Reinigung gesperrt worden sei, während es in Wahrheit um die Aussperrung der Widerständigen und die Absperrung des zukünftigen Baugeländes gegangen sei.

Ganz loslassen kann sie noch nicht von der Mur. Am selben Abend trifft sie mit uns ihre ehemaligen Mitstreiter Bernd und Winni. An einem Lagerfeuer an der noch strömenden Mur erzählen sie von intensiver Gemeinschafts- und Naturerfahrung. Umsonst sei ihr Widerstand nicht gewesen, sind sie sich einig, schließlich seien weniger Bäume als geplant gefällt („geschlägert") worden.

Trotz der teilweise erfolgreichen Mobilisierung von Ressourcen wie Aufmerksamkeit (PassantInnen nahmen Bauten und Aktionen war), Gesetzen (Rekurse und erfolgreiche Klagen gegen Wegweisungen aus öffentlichem Raum), Bildern (Dokumentation der Bauarbeiten), Medien (Vermittlung von Argumenten und Emotionen) sowie NachbarInnen (Anwohnende, Schrebergarten-PächterInnen) gelang es nicht, existierende Interessenslagen, Mehrheits- und Machtverhältnisse entscheidend zu beeinflussen.[26] Die Aktionen zeigen aber auch, wie stark eine kleine Gruppe mit einem übergeordneten Ziel den öffentlichen Raum und Diskurs prägen kann.

24 Kleine Zeitung, „Nach 33 Monaten Bauzeit: Heute geht das Murkraftwerk Graz offiziell in Betrieb", 08.10.2019

25 Video-Spaziergang mit Anna, 02.07.2018

26 Politisch konservative Kräfte bilden in Graz die Mehrheit. Der regierende Bürgermeister Siegried Nagl (ÖVP) machte die Realisierung des Kraftwerks bei seiner Wiederwahl im April 2017 zu einem prominenten Ziel seiner neuen Amtszeit. Von den politischen Parteien sprachen sich einzig die Kommunisten (KPÖ) und die Grünen klar gegen den Bau des Kraftwerks aus. Eine Volksabstimmung, die von GegnerInnen des Vorhabens, unter anderem der Bürgerinitiative „Rettet die Mur", mit einer Unterschriftensammlung gefordert wurde, kam nicht zustande.

Informelle Regeln bilden und befolgen
in zwei Mikrogesellschaften

Sobald mehrere Menschen über eine gewisse Zeit zusammenleben, bilden sich in einem mehr oder weniger konsensuell-diskursiven Prozess Regeln. Diese Regeln haben informellen, mündlichen oder kodifizierten, schriftlichen Charakter. Wichtig für die Entstehung dieser Regeln sind Wertvorstellungen der Beteiligten, ihre Stellung in der Gruppe und praktische Erfahrungen. Das sind keine Prämissen aus rechtlicher, soziologischer und anthropologischer Sicht, sondern Einsichten aus Beobachtungen und Gesprächen. Während des Widerstands an der Mur, in einer ideellen Gemeinschaft, waren gemeinsame Werte wichtig und identitätsbildend, Regeln weniger. Diese konnten sich in den wenigen Monaten des intensiven Widerstands auch kaum ausbilden.

Die wichtige Rolle von Regeln innerhalb informeller Gemeinschaften offenbarte sich uns besonders in zwei – ebenfalls ephemeren – anderen Mikrogesellschaften. Die erste, das Teepeeland in Berlin, ist ebenfalls eher ideeller Natur, die zweite, eine Obdachlosengruppe in Berlin, ist eher eine existenzielle (Schicksals-)Gemeinschaft.

Flieger und Micha im Teepeeland
(Spreeufer, Berlin Kreuzberg)

Eine dieser Gemeinschaften ist das Teepeeland am Spreeufer in Berlin-Mitte. Seit 2012 stehen auf der ehemaligen Staatsgrenze zwischen DDR und BRD, dem ehemaligen „Todesstreifen", etwa 15 Tipis und einige Zelte. Ein Gespräch mit Flieger, dem Gründer des Teepeelandes, und mit Bewohner Micha gab Aufschluss über die Entstehung der Regeln innerhalb der Gemeinschaft. Flieger, eine stattliche Erscheinung, ein kommunikativer, großer Mann mit langen strohblonden Haaren und schwarzen Schlaghosen, erzählt von einer früheren Freiluftsiedlung auf der nahegelegenen Cuvry-Brache, die er mitinitiierte. Er liebt frische Luft, Gemeinschaft und Freiheit. Seine Wohnung, die er immer noch mietet, wurde ihm zu eng und zu einsam. Zu seinem ersten Zelt gesellten sich bald andere. Nach kurzer Zeit war die weitläufige Brache so voll mit Menschen, auch mit destruktiven, dass er die Kontrolle verlor. „Ich konnte die nicht rausschmeißen, also ging ich." Drei Dinge waren ihm für das Finden seines nächsten Wohnorts wichtig: Er wollte als geborener Nordfriese am Wasser sein, kein privates Grundstück beanspruchen das überdies an einem Ort leben, der klein und überschaubar sein sollte. Das Spreeufer hinter einer ehemaligen Eisfabrik schien ihm ideal: Das ehemalige Zonengrenzgebiet war überwuchert – im Sommer ist es fast nicht einsehbar –, ein schmales Terrain Vague voller Zäune und Abfall, das der Stadt Berlin gehört und zentral liegt. Eine

Person kam mit aus der Cuvry-Brache, ein südamerikanischer Musiker. Gemeinsam beseitigten sie vier Monate lang Müllberge, unzählige Glasscherben und begannen sich einzurichten. Am Anfang habe er im Teepeeland (Flieger: „Teepee' bedeutet ‚Heimat' auf Indianisch.") ein paar wenige Regeln entwickelt.

2. September 2017: Prominent am östlichen Eingang des Geländes schwingt sich ein Holztor über den Pfad und lädt ein: „Bring yourself please." Es macht klar, was das Teepeeland ist bzw. sein will: „Dorf, Village, Pueblo, Küsük". Unmittelbar daneben steht eine Tafel mit einer Reihe von Verhaltensregeln, an welche sich Bewohnende und Besuchende halten sollen: „No racism, no sexism, no homophobia, no aggression, no drug dealing, no [durchgestrichen]. You are welcome here. Please understand that this is a public and community area! We ask to respect the place and people living here." An anderer Stelle wird Alkoholisches über 15 Prozent verbannt. Flieger kommentiert: „Irgendwer hat hingeschrieben, was wir alle finden."[27]

27 Video-Spaziergang mit Flieger, 02.09.2017

Diese Schilder begrenzen ein Territorium, in dem bestimmte Werte und Regeln gelten, ein besonderes Gebiet, das allen offensteht, die sich mit diesen Werten identifizieren. Welche Rolle spielen sie im Alltag, inwiefern werden sie befolgt und durchgesetzt?

Auf den ersten Blick scheinen die kodifizierten Regeln und das Leben auf dem Gelände übereinzustimmen. Die Stimmung ist friedlich, junge Menschen sind im Gespräch vor dem Küchenzelt, ein älterer Mann aus der Türkei kümmert sich um Hühner, bestreicht frisch gehobeltes Holz mit Öl. Zwei Supermarktwagen voller leerer Flaschen stehen zur Abfuhr bereit, an der Bar informiert eine Tafel über die Getränkeauswahl, ohne Preise. In einer „Free-Box" stehen Bücher. Zwei junge Gäste aus Schottland grüßen, ein junger Mann verlässt gerade das selbstgebaute Bioklosett. Ein Besucher verlangt die Informationsbroschüre über die Siedlung, zwei Euro Unkostenbeitrag. Flieger ist darauf bedacht, dass die Bierflasche, die er in der Hand hält, nicht mit auf das Bild kommt. Er deponiert sie vor seinem Tipi.

Nach dem Rundgang machen wir es uns am Ufer der Spree, auf Holzsesseln, Marke Eigenbau, bequem. Es ist friedlich, grün, Vögel zwitschern und doch sind wir mitten in der Stadt. Am anderen Ufer sitzen Besuchende des Holzmarkts mit ihren Bieren und Drinks. Das Teepeeland sei das heimliche Vorbild dieses halbkommerziellen, sich alternativ gebenden Wohn-, Vergnügungs- und Arbeitsortes, meint Flieger verschmitzt.

Die Betonung der Gemeinschaft – in allen Belangen, so auch im Aufstellen von Regeln – könnte auf Ideologie und Wunschdenken verweisen, scheint aber auch gelebte Praxis zu sein. Bei

Videostill, östlicher „Haupteingang", Tafel mit Geländeregeln

Videostill, Flieger, der Initiant des Teepeelandes

Videostill, das Gemeinschafts-Teepee

Videostills, geregelter
Alltag: Gratis-Bücher,
Altglassammlung,
Getränketafeln ohne
Preise, Verhaltens-
aufforderung

Uneinigkeit werde im „Plenum" diskutiert und abgestimmt, in den Worten Fliegers: „Wenn es geht, Demokratie." Allerdings ist klar, wer im Zweifelsfall das letzte Wort hat: Flieger. Auch seine Wortwahl zeigt eine gewisse Dominanz: Er habe „destruktive Menschen", „Penner" fernhalten wollen, „aussortiert". Andererseits ist bei ihm eine Zuneigung und Neugierde zu allen Menschen spürbar, er ist ein „Stadtindianer" mit natürlicher Autorität.

Ein Grundsatz scheint zu sein, dass Regeln nur aufgestellt werden, wenn Erfahrungen sie nötig machen: Mit Menschen unter Einfluss harter Drogen und/oder Alkohol sei es schwierig, etwas aufzubauen, daher das entsprechende Verbot. Das Dorf solle nicht zu groß werden, deshalb seien alle Besuchenden mit Zelten zwei Wochen lang willkommen, wer länger bleiben wolle, müsse das im Plenum vorbringen und eine Aufgabe für die Gemeinschaft übernehmen. Einmal in der Woche werde im Turnus die Küche geputzt. Als Flieger mir das Bioklosett zeigt, bemängelt er dessen Reinlichkeit. Er setzt also Normen, die – das war Flieger wichtig anzumerken – die Gemeinschaft teile.

Micha, der 20 Stunden pro Woche als Pfleger alte Menschen betreut, meint, man müsse ständig aufräumen, sonst verwahrlose der Ort. Altglas werde gesammelt, Grünabfall kompostiert. Er möchte – grundsätzlich – nicht von vorne gefilmt werden, natürlich hielt ich mich daran.

Alle Regeln haben einen Geltungsbereich. Flieger definiert beim Spaziergang durch das Gelände genau, wo das Teepeeland beginnt und wo es aufhört. Auf der Nordseite müsse noch eine Begrüßungstafel aufgestellt werden, das sage er schon seit Monaten. Die Gemeinschaft entwickelt selbst Regeln, die jedoch bei genauerer Betrachtung mit jenen der „Außenwelt" weitgehend übereinstimmen (Ausnahmen bilden das Verbot von über 15-prozentigem Alkohol und die Zwei-Wochen-Bleiberegel). An Sonntagen wurde zum Zeitpunkt meines Besuches nicht gearbeitet, nach 22 Uhr kein Lärm gemacht. Kein Bau wies mehr als ein Stockwerk auf, sonst wäre eine Baubewilligung erforderlich. In jedem Tipi lag ein Feuerlöscher und eine Alarmanalage (weil auch gestohlen wurde, von einem Drogenabhängigen). Die Teepeeland-Webseite rief im März 2020 folgerichtig auch die Covid-19-Verhaltensregeln in Erinnerung.[28]

Die Gesetze der Mehrheitsgesellschaft sind im Teepeeland nicht aufgehoben, allenfalls modifiziert. Deshalb existieren relativ wenige Reibungsflächen zur Außenwelt, deshalb funktioniert wohl auch das Zusammenleben mit Menschen aus anderen Kulturen gut, trotz sprachlicher Probleme, mit einem Japaner beispielsweise, der auf dem Gelände den ersten Shinto-Schrein Berlins baute, oder mit einem schwulen Pärchen aus Bulgarien, das der Homophobie in der

28 „Besucher bzg. Corona", Eintrag vom 19.03.2020, https://teepeeland.wordpress.com, Zugriff am 26.05.2020

Heimat entfloh. Regelverstöße scheinen eher selten zu sein, und wenn sie auftauchen, werden sie explizit genannt: „Wenn sich jemand danebenbenimmt, wird er gebeten zu gehen, erst freundlich, dann bestimmt", erklärt Micha. Bei DealerInnen werde man rabiat. Tatsächlich scheint es keine Drogenprobleme zu geben, obwohl ein einschlägiger Umschlagplatz, der U-Bahnhof Heinrich-Heine-Sraße, nur ein paar hundert Meter entfernt liegt. Die Polizei müsse man nur sehr selten bemühen, etwa wenn Betrunkene nicht mehr zu bändigen seien.

Die Gemeinschaft nimmt ihre selbst aufgestellten Regeln ernst, dabei ist sicher die Überschaubarkeit der Verhältnisse hilfreich. Es würden sich alle kennen und nichts „Totalitäres" geschehe. Beispielsweise würden nie Veganer Vegetarier ausschließen.[29] Zu dieser Offenheit gehörte auch, dass sich beispielsweise Flieger an das in der Mehrheitsgesellschaft (Land Berlin-Brandenburg) geltende Badeverbot an der Spree hielt, Micha und viele andere sich hingegen im Sommer fast täglich in der Spree tummelten, gar eine Schaukel gebaut hatten, von der sie direkt ins Wasser springen konnten. Die kleine Gemeinschaft kapselt sich nicht von der Gesellschaft ab, im Gegenteil, sie versteht sich als Teil von ihr. Dienstag ist für alle Dusch- und Waschtag in der Wohnung von Flieger, die er mit seinen Einkünften als sporadischer IT-Supporter nach wie vor mietet, auch das Internet funktioniert dort.

29 Video-Spaziergang mit Micha, 17.09.2017

Der Anstoß, diese Normen oder Regeln gemeinschaftlich zu setzen, stammte während meines Besuchs zumeist von den zwei Deutschen vor Ort, Flieger und Micha. Ihre Stimme ist vermutlich gewichtiger als die vieler anderer, aber das schien für die anderen nicht problematisch zu sein. Ihr Engagement und ihr Gemeinsinn waren deutlich spürbar und bildeten allem Anschein nach so etwas wie ein emotionales und ideelles Fundament des Teepeelandes.

Im Verständnis von Micha bringt die von Berlin geduldete temporäre Aneignung von öffentlichem Raum die Verpflichtung mit sich, der Allgemeinheit etwas zurückzugeben. Die Gemeinschaft erfüllt diese Verpflichtung in Form von regelmäßigen öffentlichen Konzerten, Theater- und Comedy-Vorführungen, alle grundsätzlich gratis und auf der Homepage des Teepeelandes angekündigt.[30] Micha und Flieger war es wichtig zu betonen, dass das Teepeeland nicht illegal sei, sondern offiziell geduldet. Micha verwies auf einen SPD-Politiker, der in der Abendschau des Nachrichtenportals Berlin-Brandenburg gesagt habe, bis zum Bau des offiziellen Spreeuferwegs genössen die Bewohnenden des Teepelandes ein Bleiberecht. Dieser Baubeginn war mal für 2019 angesetzt. Zur Komplexität der Lage trägt bei, dass die Mauerreste auf dem Gelände seit einiger Zeit (auf Betreiben von Flieger) unter Denkmalschutz

30 https://teepeeland.wordpress.com, Zugriff am 15.05.2020

stehen, sodass der 1902 – also zu Kaisers Zeiten – geplante Weg auch baupraktische und rechtliche Hürden nehmen muss.

Ohne das Teepeeland zu idealisieren lässt sich behaupten: Diese kleine Gemeinschaft mit real gelebten und materialisierten utopischen Ansätzen inner- und außerhalb der Gesellschaft (eine „Heterotopie" in Michel Foucaults Verständnis)[31] scheint tatsächlich zu funktionieren. Die Punkte, die das begünstigen, seien abschließend nochmals genannt: Die Übersichtlichkeit des Geländes, die gute Bekanntschaft der Mitglieder untereinander (das gilt nicht für die zahlreichen PassantInnen, welche das Gelände erwünscht durchqueren), ein schlankes, pragmatisches, gemeinsam erarbeitetes Regelwerk, dem ohne Dogmatismus nachgelebt wird (dennoch ziehen Übertretungen Sanktionen nach sich), sowie eine charismatische und kommunikative Gründervaterfigur, die den Kontakt zur Außenwelt (Verwaltung, Politik) sucht und mit der Gründung eines Vereins auch eine rechtliche Grundlage für ihr „Dorf" schuf.

Zum Zeitpunkt des Verfassens dieses Textes existiert das Teepeeland immer noch. Flieger zeigte sich in einem Interview 2020 sichtbar stolz, dass sich „Künstler, Journalisten und Stadtforscher" für das Teepeeland interessierten. Seiner Meinung nach funktioniert die Siedlung auch wegen ihrer Regeln, sie sei allerdings „noch nicht stark genug reguliert."[32]

„[Wir] pfeifen auf Gesetze, die der Staat macht, die gelten bei uns nicht.": Selbstregulierung einer Obdachlosengruppe um Basti im Berliner Tiergarten

Auf andere Regeln traf ich unter Obdachlosen, die mehrheitlich im Berliner Tiergarten lebten. Im Unterschied zum Teepeeland stießen hier offizielle Gesetze und Regeln auf totale Ablehnung. Viele Regeln, beispielsweise die Hausordnung der Deutschen Bahn, empfanden meine GesprächspartnerInnen als direkt gegen sie gerichtet. Nur Neuankömmlinge würden auf dem Gelände der Deutschen Bahn, in der Passage, die zur Bahnhofsmission führt, zu schlafen versuchen, die Deutsche Bahn vertreibe sie umgehend. Auch Bettelnde hätten einen schweren Stand. Sogar die Kirche belege sie mit Verboten. Ihnen sei untersagt, sich auf der Treppe vor der Gedächtnis-Kirche am Breitscheidplatz aufzuhalten, erzählte mir ein Obdachloser.

„Nicht gestattet ist …
- Sitzen und Liegen auf dem Boden, auf Treppen und in Zugängen
- Wegwerfen von Abfällen, Zigarettenkippen und Kaugummis außerhalb der vorgesehenen Behälter sowie in den Gleisbereich

31 Foucault, Michel (1991): „Andere Räume", in: Wentz, Martin (Hg.): Stadträume, Frankfurt am Main, S. 66–72, hier ab S. 68 passim

32 https://teepeeland.wordpress.com/flieger/, Zugriff am 15.05.2020

–Durchsuchen von Abfallbehältern

–Betteln und Belästigen von Personen

–Übermäßiger Alkoholkonsum

–Handel mit und Konsum von Drogen und Betäubungsmitteln

–Hunde sind im Bahnhof und auf den Vorplätzen angeleint zu führen.

–Diese Hausordnung gilt auf dem gesamten Gelände der Deutschen Bahn. Festgestellte Verstöße gegen die Hausordnung führen zu Hausverweis, Hausverbot, Strafverfolgung und/ oder Schadensersatzforderungen. Den Anordnungen unserer Mitarbeiterinnen und Mitarbeiter und der von uns zur Durchsetzung des Hausrechts beauftragten Unternehmen ist Folge zu leisten." Hausordnung der Deutschen Bahn AG (Auszug)

2017 übernachteten mehrere hundert Obdachlose im Tiergarten.[33] Die meisten fanden sich in kleinen Gruppen zusammen, schliefen an denselben Orten und verbrachten auch tagsüber oft Zeit miteinander. Selten waren dies mehr als 10 Personen. Bis zu dieser Größe scheint die Komplexität bewältigbar zu sein, größere Gruppen erregen überdies Aufmerksamkeit der Polizei, der Sicherheitsdienste, des Grünamts oder des Ordnungsamts.

Ohne Regeln schienen auch diese ephemeren Gemeinschaften nicht auszukommen. Es handelte sich jedoch, das zeigte sich in Gesprächen, um eigene Regeln, nirgends festgehalten. Sie schienen keinen universellen Anspruch zu haben, galten zeitlich und örtlich eingeschränkt und sind aufgrund ihrer fehlenden Verschriftlichung wohl eher als „Best Practice" einer bestimmten Gruppe zu einer bestimmten Zeit zu verstehen. Vor der Bahnhofsmission am Bahnhof Zoo[34] kam ich ins Gespräch mit einem jungen, gepflegten Mann mit Baseballkappe. Basti hieß er, er überraschte mich mit seiner Eloquenz. Seit knapp zwei Jahren lebte er auf der Straße. Seine Tage und Nächte verbrachte er meist im Tiergarten, tagsüber besuchte er mindestens einmal die Bahnhofsmission. Dort duschte er täglich, bezog neue Unterwäsche, ergatterte sich in Umgehung der Missions-Regeln einen Tee. Man müsse manchmal fast eine Stunde anstehen, um überhaupt eine Wartenummer zu erhalten, das halte er nicht aus.[35]

13. Mai 2017: Basti erscheint zwei Tage nach unserem ersten Gespräch pünktlich vor der Bahnhofsmission. Zweieinhalb Stunden spazieren wir im Tiergarten und rund um den Bahnhof Zoo. Er zeigt mir Orte und Wege, die für ihn alltäglich und/oder wichtig sind, seine vielen „Platten" (Übernachtungsorte) beispielsweise, von denen er vertrieben wurde. Wie so oft bei Gesprächen und Spaziergängen habe ich eine kleine Videokamera dabei. Auf seinen

33 Zwischen 4000 und 10 000 Menschen leben Schätzungen zufolge in Berlin auf der Straße. Lange war eine Zählung politisch nicht erwünscht. Nach dem Vorbild der Städte New York und Paris, die solche Zählungen durchführten, zählten in der Nacht vom 29. auf den 30. Januar 2020 – in der „Nacht der Solidarität" – 2600 Freiwillige Obdachlose. Die Zählung wurde zuvor angekündigt, es ist daher hoch wahrscheinlich, dass die erhobene Gesamtzahl von 1976 Obdachlosen viel zu niedrig ausfiel. Im Winter 2019/20 standen 1200 Kälteplätze zur Verfügung, die aber nie alle genutzt wurden. „807 obdachlose Menschen befanden sich zum Zeitpunkt der Zählung auf der Straße, 942 in Einrichtungen der Kältehilfe, 15 obdachlose Menschen wurden in Rettungsstellen Berliner Krankenhäuser gezählt, 158 im Öffentlichen Nahverkehr, zwölf in Polizeigewahrsam, 42 in einem Warte- und Wärmeraum. 55 Prozent von ihnen seien zwischen 30 und 49 Jahre alt, 84 Prozent seien Männer." Zeit Online, „Obdachlosenzählung: Berlin zählt 1.976 obdachlose Menschen", 07.02.2020
34 Der hoch frequentierte Bahnhof Zoo in Berlin zieht nicht nur Reisende an. Seit seinem Bestehen ist er Treffpunkt und Aufenthaltsort von Jugendlichen, Flanierenden, von Arbeitslosen und auch von Obdachlosen. 1884 entstand hier die erste evangelische Bahnhofsmission des damaligen Kaiserreichs. Die Bahnhofsmission wird täglich von mehreren hundert Menschen frequentiert. Sie erhalten Mahlzeiten, Schlafsäcke, frische Unterwäsche und können sich duschen. Auch Zuwendung und offene Ohren finden sie, vor allem dann, wenn der Andrang und die damit verbundene Aggressivität nicht zu hoch ist. Willy Nadolny spricht von einer Idee der Welt, wie sie sein sollte, auch vom Glauben, der ihn jeden Tag antreibe. „In Warschau erfroren 100 Obdachlose. Bei uns nicht." Video-Gespräch mit Willy Nadolny, Stellvertreter Leiter der Bahnhofsmission Zoo, 24.05.2018
35 „Die größte Herausforderung ist, dass man sich auf jeden einzelnen Menschen einstellen muss. Man muss auch mal Fünf gerade sein lassen. Zum Beispiel gibt es Menschen, die es nicht aushalten, in der Schlange zu stehen, dann muss man eine andere Lösung finden." Video-Gespräch mit Willy Nadolny, Stellvertretender Leiter der Bahnhofsmission Zoo, 24.05.2018

36 Ein vergleichsweise differenziertes Beispiel: Spiegel TV, „Jung und kein Zuhause: wie geht es Ratte?", https://www.youtube.com/watch?v=fejJTVFttYg, Zugriff am 15.05.2020

37 „Es gibt viele Auseinandersetzungen, wenn es Zoff gibt, kommt die Polizei. Die kommen am Zoo direkt mit einer Hundertschaft. Zwei Busse und kleine Autos, alle in voller Montur, die mit Pfefferspray auf dich losgehen." Basti, gemeinsamer Spaziergang am 13.05.2017

38 „Unser Angebot: bis zu 12 Übernachtungen pro Monat für Jugendliche bis 17 Jahre; bis zu 12 Übernachtungen pro Monat für junge Volljährige bis 20 Jahre im Rahmen der Kältehilfe", Kontakt- und Beratungsstelle Berlin (Kub), Sleep In, http://www.kub-berlin.de/sleep-in/, Zugriff am 21.05.2020

Rat benutze ich sie erst abseits der langen Warteschlange vor der Bahnhofsmission. Kameras bringen Unruhe, fast wöchentlich sind hier Fernsehteams auf der Jagd nach besonders harten Schicksalen unterwegs.[36]

Basti erzählt mir vom Zusammenleben unter Obdachlosen und mit sichtlichem Stolz von ihren eigenen Regeln. Immer wieder erwähnt er von sich aus den Staat, Gesetze und Ordnungskräfte wie die Polizei, den Sicherheitsdienst der Deutschen Bahn (Bahnpolizei) und das Grünamt: „Die meisten Obdachlosen pfeifen auf die Gesetze, die der Staat macht, die gelten bei uns nicht." Was wohl viele Obdachlosen eint, ist ihr Bestreben, ohne Polizei auszukommen.[37] Streitigkeiten versuchen sie mit wechselndem Erfolg selbst zu lösen, auch mit nicht involvierten, vermittelnden Dritten. Regeln, auf die sich alle einigen können, scheint es wenige zu geben. Die wichtigste ist wahrscheinlich die Nicht-Aufnahme von Jugendlichen unter 18 Jahren in eine Gruppe. Hier scheint im Konsens ein Verantwortungsgefühl zu existieren: Ihnen soll das Leben auf der Straße nicht zu angenehm erscheinen, sie sollen in ihr „normales" Leben zurückkehren. Gleichzeitig spricht Basti – wir passieren gerade eine Einrichtung für jugendliche Obdachlose[38] – aber auch von „Welpenschutz" für Kinder, die beispielsweise mit 14 Jahren aus Heimen abgehauen seien, denen greife man unter die Arme. Auch erwachsene Neuankömmlinge auf der Straße genössen diesen „Welpenschutz", da drückten viele ein Auge zu, wenn sie „aus der Reihe tanzen und Regeln verletzen". Aber nach ein, zwei Monaten sei Schluss mit Schonzeit.

Ein Ideal, das einer Regel nahekommt, ist das Teilen innerhalb einer Gruppe: Wenn er Tabak kaufe, dann für zehn. Wenn jemand Geld geschnorrt habe, teile er dies. Basti nennt weitere Punkte: In ihrer Gruppe duldeten sie keine „Starkalkoholiker", auch er sei am Tag „Anti-Alkoholiker", sagt er, um aber kurz darauf mit seiner abendlich-nächtlichen Trinkfestigkeit zu prahlen („Mein Bundeswehrrucksack fasst 25 Dosen."). Klauen unter Obdachlosen sei tabu, mit der gewichtigen Einschränkung, das gelte für jene, „die sich kennen". Konsens scheint auch in der Ablehnung der Kleiderausgabestelle der Stadtmission an der Lehrter Straße zu herrschen. Da gehe niemand mehr hin, seit die Geflüchteten bevorzugt würden. Sie erhielten Kleider ab 10 Uhr morgens, Obdachlose erst ab 14 Uhr, da seien die besten Stücke weg. Die Empörung über die Besserstellung der Geflüchteten, die ihnen auch Notunterkünfte wegnehmen würden, die eigentlich für Obdachlose gedacht seien, steht Basti ins Gesicht geschrieben.

Wir bleiben vor einem dekorierten jungen Baum stehen, dem „Gedenkbaum": Mit einem Lächeln im Gesicht erzählt Basti, dass jedes Jahr mehrere Obdachlose stürben, meist an Kältetagen. Feuchtigkeit, Schnee, Alkohol und Krankheiten brächten einen schnellen Tod. Das Leben ist flüchtig. Das Bedürfnis nach einem Ort des Gedenkens eint Basti, der zunächst von „die Obdachlosen" spricht und später ins „wir" wechselt, und seine Gefährten.

Das Gedenken an verstorbene Obdachlose mit einem „Gedenkbaum" vor dem Eingang der Bahnhofsmission Zoo an der Gebenstraße schien allen GesprächspartnerInnen ein wichtiges Anliegen. Seit 2012 sei dieser mit persönlichen Gegenständen wie Schals, kleinen Figuren, Flaggen und Stoffbändern dekorierte junge Baum erfolgreich gegen Räumungsversuche der Polizei verteidigt worden. Es ist einer der wenigen Orte, den die Obdachlosen gemeinsam dauerhaft selbst gestalten, gegen den Druck bestehender Vorschriften. Initiiert wurde die Gedenkstätte von der Bahnhofsmission, in den Erzählungen von Basti wurde er zu einer Initiative der Obdachlosen. Eine kleine improvisierte Umgrenzung und offensichtlich fast täglich frische Blumen zeugen von Sorgfalt und dem Stellenwert dieser Erinnerungs- und gemeinschaftsfördernden informellen Gedenkstätte. Hier erleben Obdachlose untereinander solidarische Momente, die sie stärken. Zu sehen, dass sich die Polizei angesichts einer zahlenmäßigen Übermacht von Obdachlosen, die sich schützend vor den Baum stellte, zurückzog, war für Basti eine entscheidende Erfahrung, eine Umkehr der Machtverhältnisse.[39] Mehrere GesprächspartnerInnen erwähnten diesen Baum, auf den sie offensichtlich sehr stolz sind, der so etwas wie eine kollektive Identität schafft. Dies galt auch für eine weitere gemeinsame Gedenkstätte.

Regeln entwickelten sich auch – über die Kleingruppen hinaus – für die Begräbnisse von Hunden, den wichtigsten Gefährten vieler Obdachloser. Ein Grab könne ein Jahr bestehen, dann müsse es geräumt werden, erzählt Basti. Diese oft liebevoll dekorierten Gräber legten die Obdachlosen in einem abseits der offiziellen Wege gelegenen Waldstück im Tiergarten unmittelbar am Wasser an – illegal. Sie würden vom zuständigen Beamten des Grünamts geduldet, solang es sich um wenige Gräber handle, die Sache diskret und sauber bleibe, erklärt mir Basti. Mit Takt nähern wir uns den Gräbern, warten kurz, bis Basti sich vergewissert hat, dass niemand trauert.

Unter den Obdachlosen schien ein Konsens darüber zu herrschen, dass materielle Zeugnisse – seien es Gräber oder Schlafstellen (Zelte, Matratzen) – ihrer Obdachlosigkeit möglichst unauffällig bleiben müssen. Nicht alle hielten sich jedoch daran. Während eines Spaziergangs im März 2018 sprangen mir Dutzende von durchnässten Schlafsäcken, Schuhe und Kleider im gut einsehbaren

39 Mehrere Räumungsversuche seien für die Polizei nicht gut ausgegangen, wie es Basti formuliert: „Da kamen fünf Polizisten und meinten, das muss weg. Das Problem war, dass über 300 Obdachlose sich dahinstellten." Im Laufe seiner Erzählung wurden daraus vier Polizisten und 40 Obdachlose.

Uferbereich ins Auge. Die Ordnungskräfte führten einen konstanten Kampf gegen die Spuren der Obdachlosigkeit, sie räumten in Wellen. Nach Phasen relativer Ruhe wurde härter vorgegangen, so beispielsweise nach dem Mord einer Frau im Tiergarten durch einen abgewiesenen tschetschenischen Asylbewerber im September 2017, als der grüne Bezirksbürgermeister von Berlin Mitte, Stephan von Dassel, den Tiergarten und die Unterführungen rund um den Bahnhof Zoo räumen ließ, von „aggressiven osteuropäischen Obdachlosen" sprach und ausländische Obdachlose in ihre Heimatländer zurückführen wollte.[40]

Eine Regel, die viele innerhalb ihrer Gruppen hochhielten, zumindest verbal, ist die Ablehnung von Gewalt gegen Frauen. Wenn jemand Streit habe mit einer Frau und eine körperliche Auseinandersetzung unausweichlich sei, dann müsse derjenige eine Frau suchen, welche der Betreffenden „aufs Maul" gebe, hörte ich. Außen vor ließ Basti mit dieser absoluten Aussage die sexuellen Belästigungen, die viele obdachlose Frauen, junge wie alte, erleben müssen.[41]

Zwei Arten von Regeln scheinen vor allem wirksam: erstens solche, die Basti von sich aus erwähnte, nennen wir sie intrinsisch-ideell (Teilen, Jugendschutz, Hundegräber, Ausschluss von „Starkalkoholikern", keine Gewalt gegen Frauen, kein Diebstahl); zweitens solche, die aufgrund von Außendruck (Ordnungskräfte, Strafen) eher widerwillig eingehalten werden, also sanktionsvermeidendes Verhalten mit regelhaften Zügen. Basti erwähnte letzteres meistens erst auf Nachfrage (Begrenzung von Gruppengrößen, „Ordnung", Materialverstecke, Meiden von bestimmten Orten wie Unterführungen unter der Regie der Deutschen Bahn sowie von Bänken, die von Süchtigen benutzt werden). Diese zwei Regelarten überschneiden sich jedoch (viele der ideellen Regeln entwickelten sich unter Druck) und wären zudem noch auszudifferenzieren.

Wie bei den Bewohnenden des Teepeelandes zeigte sich bei Basti und seinen KollegInnen ein gewisser Stolz auf eigenentwickelte Regeln. Mögen sie vernünftig oder krude erscheinen, gelebt oder bloß deklariert sein – sie sind Produkte gemeinsamer Erfahrungen, eines Austauschs innerhalb einer Gruppe. Sie verleihen – sogar dann, wenn sie nicht durchgehend befolgt werden und/oder inkohärent sind – den Gruppenmitgliedern eine Identität, gewissermaßen eine subkulturelle Heimat, und erzeugen das Gefühl, nicht nur passiv, abhängig und bedürftig, sondern auch handlungsfähig zu sein. Diese Selbstermächtigung ist allerdings im Teepeeland viel weitgehender: Die Gruppe definiert Werte und Regeln nicht nur innerhalb ihres sozialen Raums (wie die Obdachlosen), sondern darüber hinaus in

40 Benedict Neff, Neue Zürcher Zeitung, „Der unheimliche Tiergarten. Aggressive Obdachlose, Drogenabhängige, Flüchtlinge auf dem Strich, allgemeine Vermüllung – und ein Mord: Berlin spricht über einen neuen Problembezirk, mitten in der Stadt", 21.10.2017; Neue Zürcher Zeitung, „Mord im Tiergarten: 18-Jähriger muss lebenslänglich in Haft", 25.06.2018; Laura Hofmann, Tagesspiegel, „Berliner Obdachlosenhilfe greift Bürgermeister von Dassel an", 10.11.2019
41 Beispielsweise erzählte uns Silvia (48) von allgegenwärtiger Gewalt durch Männer. Sie wurde geschlagen, misshandelt, vergewaltigt – auch in Beziehungen. Sie lebt seit 2014 auf der Straße, lange vor dem Ostbahnhof (dort hat sie ein Aufenthaltsverbot), in wechselnden Beziehungen. Sie erlebte wiederholt, wie vermeintliche Beschützer („Die Leute passen auf mich auf, beispielsweise Thomas.") gewalttätig wurden („Es gibt keinen Zusammenhalt auf der Straße (...), vielleicht in kleinen Gruppen."). Video-Gespräch vor der Bahnhofsmission Zoo am 28.08.2018

einem – zwar kleinen und bedrohten, aber dennoch – physischen Raum, den die Bewohnenden fast ohne Einschränkungen nach Belieben gestalten.

Was sich auch zeigte: Alle hier beobachteten und konstatierten Regeln entstanden situativ, im Wechselspiel von Innen- und Außenwelt. Sie sind ephemer, fluide, implizit, sogar jene, die explizit festgehalten wurden. Auch wenn sie in einem gemeinschaftlich-idealistischen Geist zum Wohle einer Gemeinschaft entworfen wurden: Sie sind immer auch Ausdruck von Macht und Hierarchie und zeigen exkludierende Wirkungen. Sie schließen jene aus, die nicht am Aufstellen/Aushandeln der Regeln beteiligt sind (meistens ist in diesem Prozess eine leitende Figur auszumachen) und natürlich auch jene, welche diese Regeln nicht anerkennen und/oder sie willentlich oder unwillentlich verletzen. Dieser Dialektik ist nicht zu entkommen: Jeder Versuch zur Selbstermächtigung und Teilhabe – die Selbstorganisation durch Regeln ist ein solcher –, auch am Rande oder jenseits der Gesellschaft, produziert neue Verdrängung oder Exklusion. Immer sind da Menschen, die in diesem Emanzipationsprozess außen vor bleiben oder durch ihn gar noch schlechter gestellt sind, über noch weniger Handlungsspielraum verfügen. Auch Exkludierte exkludieren. Diese Beobachtung – nicht nur im Falle Bastis – verdichtet sich über die empirischen Einzelfälle hinaus zu einem Muster. Es scheint so etwas wie ein fraktales Prinzip der Exklusion vorzuliegen.

PS: Ich wollte Basti wiedertreffen, schrieb ihm unzählige Mails – keine Reaktion. Ein Handy habe er nicht, sagte er mir damals. Verschiedene Menschen rund um den Bahnhof Zoo, meist Obdachlose, erzählten mir 2018 und 2019 übereinstimmend, Basti und sein Bruder säßen wegen Drogendelikten im Gefängnis. Offensichtlich scheint er staatliche Regeln, also Gesetze (um die er sich foutierte) verletzt zu haben, aber auch eigene Regeln. Auch von seinem Umgang mit Drogen hatte mir Basti damals erzählt, darüber, dass Heroinkonsum in der Gruppe nicht toleriert würde („Heroin spritzen, das geht nicht (…). Es geht hauptsächlich darum, dass wir kein Besteck haben wollen. Das ist sehr gefährlich.") und dass sich dealen nicht lohnen würde: „Wir sind Konsumenten, keine Dealer. Die meisten haben was dabei. Das Dealen rentiert sich für die meisten nicht, du bist in einem Kreis, wo niemand Geld hat. Ich spreche aus Erfahrung, ich habe es eine Zeitlang gemacht. Am Ende des Monats rennst Du allen hinterher wegen dem Geld. Das macht keiner mehr von uns.") Scheinbar hat es sich doch gelohnt, für kurze Zeit, zu einem hohen Preis. Regeln aufstellen ist das eine, danach zu handeln das andere.

oben:
Videostill, Spaziergang mit Basti

Gedenkstätten für Menschen (links) und Hunde,
Fotos: Jürgen Krusche

Synthesen – ein Versuch
Handlungsfähigkeit, Ermächtigung und Teilhabe

Abschließend sei ein Versuch unternommen, die dargestellten individuellen Ausschlusserfahrungen und die daraus resultierenden Gegenreaktionen miteinander zu vergleichen. Inwiefern gleichen sich die oft von Exklusionsängsten und -erfahrungen ausgehenden individuellen – zuweilen auch gemeinschaftlichen – Versuche der Teilhabe, der Aneignung oder der Verfügung über (halb-)öffentliche Räume, inwiefern differieren sie? Lassen sich überindividuelle Muster und Mechanismen beobachten?

Dabei gehe ich von der Beobachtung aus, dass Menschen – gerade auch wenig privilegierte – im weitesten Sinne Anteil an ihrer räumlichen und sozialen Umgebung haben möchten. Nur wenige ziehen sich vollkommen zurück, meiden jeglichen Kontakt, exkludieren sich selbst.[42] Die meisten versuchen auf individuell sehr unterschiedliche Weise, sich in ihre Umwelt einzubringen, an ihr teilzuhaben, das hat diese Darstellung gezeigt. Im Folgenden verwende ich den Begriff „Teilhabe" für diesen sehr breit verstandenen Versuch, Teil der Gesellschaft, einer Gruppe oder eines Orts zu sein. Hierbei stehen individuelle Mittel und Fähigkeiten (Ressourcen) in unterschiedlichem Ausmaß zur Verfügung und eröffnen unterschiedliche Handlungsspielräume. Sind diese ausreichend groß und beziehen sich auf dauerhaft-materielle Aspekte, so spreche ich von „Aneignung".

Ähnlichkeiten/Unterschiede der Teilhabeversuche und Handlungsspielräume

Die Schutz suchende Marianne in Zürich schafft es, mit ihrer Offenheit und ihrer relativen Gepflegtheit auf Straßen und Plätzen, in Cafeterien und Geschäften Kontakte zu knüpfen und „Verbündete" auf Zeit zu gewinnen. Das gelingt ihr vermutlich allein besser, als wenn sie sich in Gesellschaft anderer, insbesondere männlicher Marginalisierter befände. Ihre kurzfristigen Kontakte mit Personen mit ökonomischem (eine Ladenbesitzerin) oder kulturellem Kapital (Lehrpersonen, Pfarrer, Rechtsanwälte) bringen zuweilen Vorteile, beispielsweise das Recht, in einem Geschäftseingang oder Kircheneingang zu schlafen. Aber diese „Verbündeten auf Zeit" erlösen sie nur punktuell aus ihrer Einsamkeit und Isolation im (halb-)öffentlichen Raum und können ihr nur unvollständigen Schutz bieten. Marianne nimmt zwar die Dienste der Bahnhofshilfe in Anspruch, meidet aber die Bahnhofshalle wegen der dort anwesenden Wachleute und Polizeikräfte. Sie fühlt sich PolizistInnen und SIP-Angehörigen schutzlos ausgeliefert. Ihre Versuche, zugehörig zu sein und Anteil zu haben, werden zusätzlich erschwert durch ihre verfolgungswahnähnlichen Züge. Ihre Deutungen der

42 Wir begegneten (selten) Menschen, welche hartnäckig Blickkontakt mieden und weder mit uns noch mit anderen in irgendeinen Austausch treten wollten. Ihre Erfahrungen und Perspektiven blieben für uns und somit das Projekt unzugänglich.

Handlungen von Ordnungskräften und ihre Rückschlüsse auf deren vermeintliche Ziele beispielsweise decken sich kaum mit den Einschätzungen ihrer Verbündeten. So ist ihr Handlungsspielraum minimal, sie bleibt vollkommen vom guten Willen und der Hilfsbereitschaft ihrer Umgebung abhängig.

Gemeinsam ausgehandelte informelle Regeln ermöglichen kleinen Obdachlosengruppen im Tiergarten (und anderswo) wesentlich größere Handlungsspielräume als Einzelpersonen: Die informellen Regeln bringen neben einer gewissen Gruppenidentität und Geborgenheit eine größere Voraussehbarkeit von äußeren Einwirkungen (Räumung, Razzien, polizeiliche Befriedung oder Verhaftung) mit sich. Meist ist diese Gruppenidentität allerdings ephemer und fragil. Sie ist nicht stabil, sondern nur situativ wirksam. Auch gelingt es diesen Gruppen nur zum Teil, sich ihre Aufenthaltsräume auch materiell anzueignen. Die „Platten", also die Schlafplätze der Obdachlosen, werden von kommunalen und staatlichen Organen regelmäßig geräumt. Die meisten sehen sich gezwungen, ihr Hab und Gut tagsüber zu verstecken. Eine Ausnahme bilden die Grabstätten, die sie über längere Zeit erhalten und pflegen. Wie wichtig diese Materialisierung des Bedürfnisses zu trauern für die Gemeinschaft ist, offenbarte das selbstbewusste Erzählen und Zeigen nicht nur von Basti.

Erheblich größer ist der Handlungsspielraum der Bewohnenden des Teepeelandes. Sie agieren als Gemeinschaft, in der Regel nicht aus der Defensive, verfügen mitunter über Ausbildungen, Beziehungen und gestalten den angeeigneten öffentlichen Raum (den sie öffentlich zugänglich halten) beinahe schon nach Belieben – ausgeprägter als viele, die mit höherem sozialem, materiellem oder kulturellem Kapitel ausgestattet sind.[43] Allerdings ist diese Handlungssouveränität nur auf eine fremdbestimmte Zeit beschränkt. Ähnliches lässt sich über den organisierten Widerstand gegen das Murkraftwerk in Graz sagen. Auch hier eignete sich eine Gruppe mit extensiver Anwesenheit und materiell-konstruktiven Aktivitäten (Zelte, Lagerfeuer, Baumhäuser, Infostand) öffentlichen Grund an und dominierte ihn für eine bestimmte Zeit. Die Gruppe nutzte den öffentlichen Raum als Bühne: Das Generieren von Aufmerksamkeit für die Ziele ihrer Gemeinschaft (Schutz der Uferböschungen, der Bäume und des Wildlebens, Verhinderung des Kraftwerks) war ihr Hauptanliegen. Allerdings – und hier zeigen sich deutliche Unterschiede – ist die linke Murpromenade ein multifunktionaler, von Spazierenden, Joggenden, Radfahrenden, Anwohnenden und Schrebergärten Bebauenden intensiv genutzter öffentlicher Ort. Der Landstreifen am Spreeufer, den das Teepeeland belegt, ist zwar auch öffentlicher Grund. Er lag aber über lange Zeit im Schatten

43 „Die Fähigkeit, den angeeigneten Raum zu dominieren, und zwar durch (materielle und symbolische) Aneignung der in ihm verteilten (öffentlichen und privaten) seltenen Güter, hängt ab vom jeweiligen Kapital. Kapital – in seinen grundlegenden Formen: ökonomisches, kulturelles und soziales." Bourdieu 1991, S. 30

der Aufmerksamkeit: Während der deutsch-deutschen Teilung war er Grenzgebiet, danach eine überwucherte, von Müll übersäte Brache. Die proaktive und bewusste Aneignung und Gestaltung dieses Landstreifens erregt wiederum Aufmerksamkeit von Seiten der Stadtverwaltung, der Politik und der Wirtschaft (InvestorInnen).

Stufen der Teilhabe

Basierend auf den Gesprächen, Spaziergängen und Beobachtungen lassen sich qualitative Unterschiede der angestrebten und realisierten Teilhabe am öffentlichen Raum feststellen. Die meisten Menschen, die sich häufig in öffentlichen Räumen aufhalten (freiwillig oder unfreiwillig), versuchen auf unterschiedliche Weise, an diesen Räumen und somit auch an der Gesellschaft teilzuhaben. In der Tat ist es auffällig, dass besonders Bettelnde und Obdachlose, also Anteilslose im Sinne von Jacques Rancière, sich oft in belebten, zentrumsnahen öffentlichen Räumen aufhalten und dies nicht nur, weil das Betteln oder Schnorren dort ertragreicher ist. Sogar Menschen, die sich als Opfer sehen und sich auch so präsentieren, brauchen Gesellschaft und ein (wenn auch in der Regel unaufmerksames) Publikum.

Da die Gesellschaft, da folge ich Pierre Bourdieu, stark von sozialen Hierarchien geprägt ist, die mit Stellungen innerhalb der Gesellschaft und der Handlungsfähigkeiten im Raum korrelieren, kann von einer Anteils- oder Zugehörigkeitshierarchie gesprochen werden, die sich im öffentlichen Raum manifestiert. Diese Hierarchie ist nicht immer auf den ersten Blick fassbar, zeigt sich auch nicht unbedingt unmittelbar in Äußerlichkeiten wie Kleidung, sehr wohl aber im Verhalten über die Zeit: Obwohl Gesetze theoretisch für alle gleichermaßen gelten, verfügen die Anteilslosen im öffentlichen Raum (wie überall) kaum über Handlungsoptionen, während Menschen mit hohen ökonomischen, sozialen und kulturellen Anteilen (Kapitalien) auch im öffentlichen Raum über erheblich mehr Handlungs- und Gestaltungsoptionen verfügen. Eine Hierarchie der Zugehörigkeit, welche die Faktoren Sichtbarkeit, Dauer, Handlungsart, Handlungsintensität, Mitprägen (oder -gestalten) von Räumen sowie Einbringung von eigenen Anliegen, Deutungen, Werten und Gütern berücksichtigt[44], könnte stichwortartig so aussehen: passive Präsenz (stehen, liegen, sitzen); Präsenz durch Handlungen (Leute ansprechen, betteln, schnorren, sammeln, verkaufen, musizieren); Präsenz durch Material (Bettelbecher, Kartons, Matratzen, Schlafsäcke, Tüten, Einkaufswagen, Zelte, Stühle, Tische, Infostände); Gestaltung von Orten (Tags, Graffitis, Gedenkstätten, Anlegen von Wegen, Tipis, Zeltdörfern, Schreinen, einstöckigen Bauten, Baumhütten); Verfügen (Aufstellen von Regeln) über Räume.

44 Vgl. Althaus, Eveline/Métrailler, Michèle: „Soziale Partizipation", in: Michèle Métrailler, Fachhochschule Bern, Wirtschaft, Gesundheit und soziale Arbeit (WGS): Alter und öffentlicher Raum: Die Beziehung zwischen Raumbeschaffenheit und sozialer Partizipation am Beispiel der Stadt Bern. Bericht des interdepartementalen Forschungsprojekts, Juni 2013, hier S. 17, www.bfh.ch › documents › research › Schlussbericht Lebensraum, Zugriff am 03.03.2020

Teilhabe erleichternde Faktoren

Es ist offensichtlich, dass es gemeinsam Handelnden in der Regel besser als einzelnen gelingt, sich Räume zu erschließen, anzueignen und sie mitzuprägen. Dabei sind Gruppen, die einzig Zweck- oder Notgemeinschaften sind, wiederum weniger effektiv als solche, die Werte oder Ziele teilen und/oder verbindliche Verhaltensregeln aushandeln. Begünstigend auf die Handlungsfähigkeit wirkt sich sowohl für Individuen wie auch für Gruppen ein moderates Verhalten aus, das nicht per se öffentliche Aufmerksamkeit beansprucht (beispielsweise durch das Mitführen von Material, Lärm- oder Geruchsbelästigung oder offensichtliche Delinquenz) und durch eine gewisse Selbstregulierung gekennzeichnet ist (Schlafplätze abseits von Sichtachsen, keine zu großen Ansammlungen, relatives Sauberhalten von Gütern). Menschen, die physisch und psychisch gesund und nicht (stark) süchtig oder abhängig sind, gelingt diese Selbstregulierung eher. Auch physisch angenehme Bedingungen (Wärme, Trockenheit) erweitern Handlungsspielräume. Sehr förderlich sind Verbündete – wo und in welcher Form auch immer – inner- oder außerhalb des eigenen Wirkungskreises (ein verständnisvoller Beamter beim Grünamt, Beziehungen zu PolitikerInnen, eine gutgesinnte Verkäuferin etc.). Flächen, die nicht unter einem großen öffentlichen Nutzungsdruck stehen, beispielsweise wenig begangen sind und nicht von vielen verschiedenen Menschen und Gruppen intensiv beansprucht werden, begünstigen Teilhabe und Aneignung.[45] Solche Orte können durchaus zentrumsnah sein, das zeigen der „Stammtisch auf dem Hohenstauffenplatz" (siehe Julia Webers Beitrag in diesem Band) oder das Teepeeland, beide in Berlin.

Teilhabe erschwerende Faktoren

Nicht alle Bemühungen um Zugehörigkeit resultieren aus subjektiv oder objektiv drohender Marginalisierung/Verdrängung, aber alle Aneignungsversuche stoßen auf mehr oder weniger große, verschiedenartige Gegenkräfte. Diese Kräfte zeigen sich für gesellschaftlich marginalisierte (Mittellose, Obdachlose, Süchtige), äußerlich auffällige (Kleidung, Hygiene, mitgeführte Habe), gewalttätig und/oder delinquent handelnde oder gesundheitlich angeschlagene Einzelpersonen besonders deutlich: in Form von Ordnungskräften oder Vorschriften, auf die erstere sich berufen, wenn sie zurecht- oder wegweisen. Vielfach (wenn auch nicht immer – das kumpelhafte Verhältnis des Obdachlosen Laslo in Graz mit PolizistInnen, die ihn regelmäßig mit Bier beliefern, zeigt das) werden für diese Personen jegliche Staats- und Behördenvertretende zu feindlichen Kräften. Sicht- und riechbare Verwahrlosung und physisch raue Bedingungen (Kälte, Nässe, Wind) erhöhen ihre

45 Die Bewohnenden des Teepeelands konnten sich durch gut funktionierende Beziehungen zur Politik auf einem bis dahin kaum genutzten öffentlichen Gebiet halten, das allerdings im Besitz der Stadt und Teil städtischer Planung (Spreeuferweg) ist und vermutlich über kurz oder lang steigendem Nutzungsdruck und insbesondere den Kräften des Markts zum Opfer fallen wird.

Verletzlichkeit. Den öffentlichen Raum mit Material (Säcke, Wind-, Kälte- und Nässeschutz, Wagen, Stühle, Gedenkstätten) zu belegen, erhöht die Wahrscheinlichkeit aufzufallen und weggewiesen zu werden. Dabei existiert ein erheblicher Ermessensspielraum, den die Zuständigen (in Berlin: Ordnungsamt, Straßenamt oder Grünamt) eingreifend oder tolerierend auch nutzen. Je aktiver und auffälliger einzelne Personen oder Gruppen sich Räume aneignen und gestalten, desto machtvoller werden die Gegenkräfte, besonders wenn der Nutzungsdruck dieser öffentlichen Räume hoch ist. Das zeigen die Erfahrungen der Obdachlosen Marianne, die sich in der hoch frequentierten Zürcher Innenstadt aufhielt und dort mit ihren Taschen und Schildern, zuweilen auch einem Bettelbecher, hochgradig auffällig war, ebenso wie die physischen Aneignungen des Murufers, der Böschung und einzelner Bäume durch die Murkraftwerk-GegnerInnen in Graz. Gegenbeispiele für Orte, die trotz hohem öffentlichen Nutzungsdruck über längere Zeit von wenig privilegierten Menschen in Anspruch genommen werden, sind die Umgebung des Bahnhofs Zoo und der anschließende Tiergarten in Berlin oder der Stadtpark in Graz.[46] An diesen Orten tolerieren Ordnungskräfte marginalisierte Personen, auch mit Material, solange sie nicht zu auffällig werden. An dieser hohen öffentlichen Sichtbarkeit von Anteilsuchenden in öffentlichen Räumen in Zentrumslagen kristallisieren sich wiederkehrende Debatten und politische Auseinandersetzungen um gesellschaftliche Vielfalt und Sicherheit, die oft nach folgenden Mustern geführt werden: Die politische Rechte fordert Sicherheit, Eindämmung, Räumung und Aus-/Wegweisung, die Linke mehr soziale Angebote, Integration, Ermächtigung und Schutz.[47]

Empfundene Exklusion, Exklusionsängste und objektivierbare Exklusion

Die Zusammenhänge zwischen subjektiv erfahrener, befürchteter und objektivierbarer Exklusion sind vielfältig und komplex. Sie sind nur in Relationen, nicht absolut, zu fassen. Das Gefühl, nicht willkommen, gefährdet zu sein oder die Befürchtung/Angst, von einem Ort vertrieben zu werden, kann wirkmächtiger sein als tatsächliche Bedrohungen durch Ordnungskräfte, Bauprojekte oder ökonomischen Druck. Ängste und Befürchtungen schränken räumliche Zugänge und/oder Handlungsspielräume vermutlich weit stärker ein als reale Exklusion. Deswegen haben diese subjektiven Befindlichkeiten einschneidende reale Folgen. Aus (öffentlichen) Räumen verdrängt zu werden – diese Angst und das damit verbundene Verhalten betrifft einen Personenkreis, der weit mehr Menschen umfasst als jene, die Verdrängung konkret erfahren müssen.

46 Die im Grazer Stadtgespräch als „Punks" bezeichneten, oft stark alkoholisierten Gruppen von bis zu 50 Leuten dominierten den zentralen Parkteil rund um den Zierbrunnen (Platz der Menschenrechte) so sehr, dass viele sich nicht mehr in den Park wagten. Mit den „Punks" ins Gespräch zu kommen war schwierig, wir wurden offensichtlich für Spitzel gehalten und bekamen das Liedchen „Schleichts euch" zu hören. Die Punks hätten sich „ihr Bleiberecht ersessen", hieß es von Mitarbeitenden des nahen Forum Stadtpark. Nach einem heftigen Sturm im Juni 2018, der im Stadtpark reihenweise Bäume umstürzte und dort auch ein Todesopfer forderte, wurde der Park insgesamt gesperrt. Der Polizei gelang es weitgehend, die „Punks" nach der Wiedereröffnung von ihrem angestammten Platz fernzuhalten.

47 Dazu ausführlicher: Dangschat, Jens S. (2017): „Urbaner sozialer Wandel. Von der sozial gemischten Stadt zur segregierten und fragmentierten Stadt?", in: Krusche, Jürgen (Hg.): Die ambivalente Stadt. Gegenwart und Zukunft des öffentlichen Raums, Berlin, S. 18–33 und Rolfes, Manfred (2017): „(Un-)sichere Stadt. Vom Umgang mit Risiken und Gefahren in urbanen Räumen", in: Krusche, S. 48–61

In der Regel basieren Ausschlussängste zu einem Teil auf Erfahrungen, können aber stark durch mediale Berichterstattung sowie von Gerüchten und Mutmaßungen beeinflusst sein und sich von realen Bedrohungs- oder Exklusionssituationen vollständig abkoppeln.

Die meisten Menschen, die uns von ihren Vertreibungserfahrungen erzählten und uns Verdrängungsorte zeigten, waren und sind offensichtlich marginalisiert. Sie werden von ihren Schlafplätzen oder Bettelstellen vertrieben, umso eher, desto grösser der Nutzungsdruck eines bestimmten Orts ist (unter dem Bankautomaten sitzender Bettler) und desto offensichtlicher (Anzahl Schlafsäcke, Zelte, Auffälligkeit, Verschmutzung) ihre Aneignung ist. In der Regel erleben sie diese Verdrängung chronisch, sie gehört zu ihrem Alltag. Viele von ihnen schätzen drohende Vertreibungsgefahren differenziert ein, entwickeln eine Deutungskompetenz dafür, wie viel Behörden oder Beamte tolerieren und passen deswegen ihr Verhalten an oder stellen gar Regeln auf (Gruppe um den Obdachlosen Basti). Eine feinjustierte Balance/Hierarchie zwischen Tolerierung von ungewollter Präsenz oder Aneignung des öffentlichen Raums und Sanktion von zu auffälligem Verhalten kann sich jedoch durch ein einziges Ereignis (beispielsweise die Ermordung einer Frau im Tiergarten) und den darauf folgenden politischen Druck vom einen auf den anderen Tag ändern (Räumung aller Zelte an den Stadtbahnbögen im Tiergarten). Dass hierarchiefreie Räume kaum zu erreichende Ideale sind, zeigen auch unsere Gespräche und Beobachtungen. Ausgeprägte Hierarchien sind auch und gerade innerhalb und zwischen marginalisierten Gruppen anzutreffen: Obdachlose sehen sich gegenüber Flüchtenden benachteiligt, deutsche DealerInnen und Alkoholsüchtige werden durch afghanische und tschetschenische DealerInnen verdrängt. „Der deutsche Obdachlose ist besser als der polnische Alkoholiker, der Alkoholiker ist besser als der Fixer, der sich nicht prostituiert, der wiederum besser als der Fixer, der das tut."[48]

48 Video-Spaziergang mit Andreas Abel, Streetworker, Gangway Berlin, Berlin Tiergarten, 23.05.2018

Einen gewissen Schutz bieten kleine Gruppen, die informellhierarchisch geprägt sind, mit eigenen Regeln, Konventionen und/oder Zielen, die aber wiederum oft in Konflikten mit anderen Kleingruppen stehen. Selbst wenn nicht die schiere Existenz, das (Über-)Leben am Rande der Gesellschaft, sondern die Teilhabe an der eigenen Stadt und an die (Mit-)Gestaltung von Lebensräumen auf dem Spiel stehen, wie im Teepeeland in Berlin oder beim Widerstand gegen das Murkraftwerk in Graz: Auch hier offenbaren sich Hierarchien innerhalb von Gruppen sowie bei Beziehungen von Gemeinschaften untereinander und mit alliierten Gruppen mit gemeinsamen Zielen, die jenen von Behörden, Politik und Privatwirtschaft teilweise entgegenstehen, wobei letztere oft mit Polizeigewalt durchgesetzt werden.

Verdrängungen und Aneignungen, also letztlich hierarchisch geprägte Aushandlungsprozesse, sind hier wie dort offensichtlich. Sie sind im individuellen Verhalten und in sozialen Interaktionen im öffentlichen Raum ablesbar und scheinen deshalb vielleicht brutaler als die Verteilungs- und Nutzungskonflikte, die in der Gesellschaft allgemein anzutreffen sind. Der einzige Unterschied liegt in der Form: Die gesellschaftlichen Etiketten der sozialen Konventionen, der Diskretion, des Taktes fehlen weitgehend. Straßen, Plätze und halböffentliche Räume wie Bahnhöfe offenbaren hierarchische Machtausübung und Aushandlungsprozesse in individuellem und kollektivem Verhalten. Betroffene erleben und verbalisieren diese fluiden Hierarchien des öffentlichen Raums und damit der Gesellschaft an sich oft sehr viel unmittelbarer und offener als Menschen inmitten der Gesellschaft, welche diese Hierarchien oft versteckt, diskret, im Arbeits- und Privatleben erfahren und ausüben.

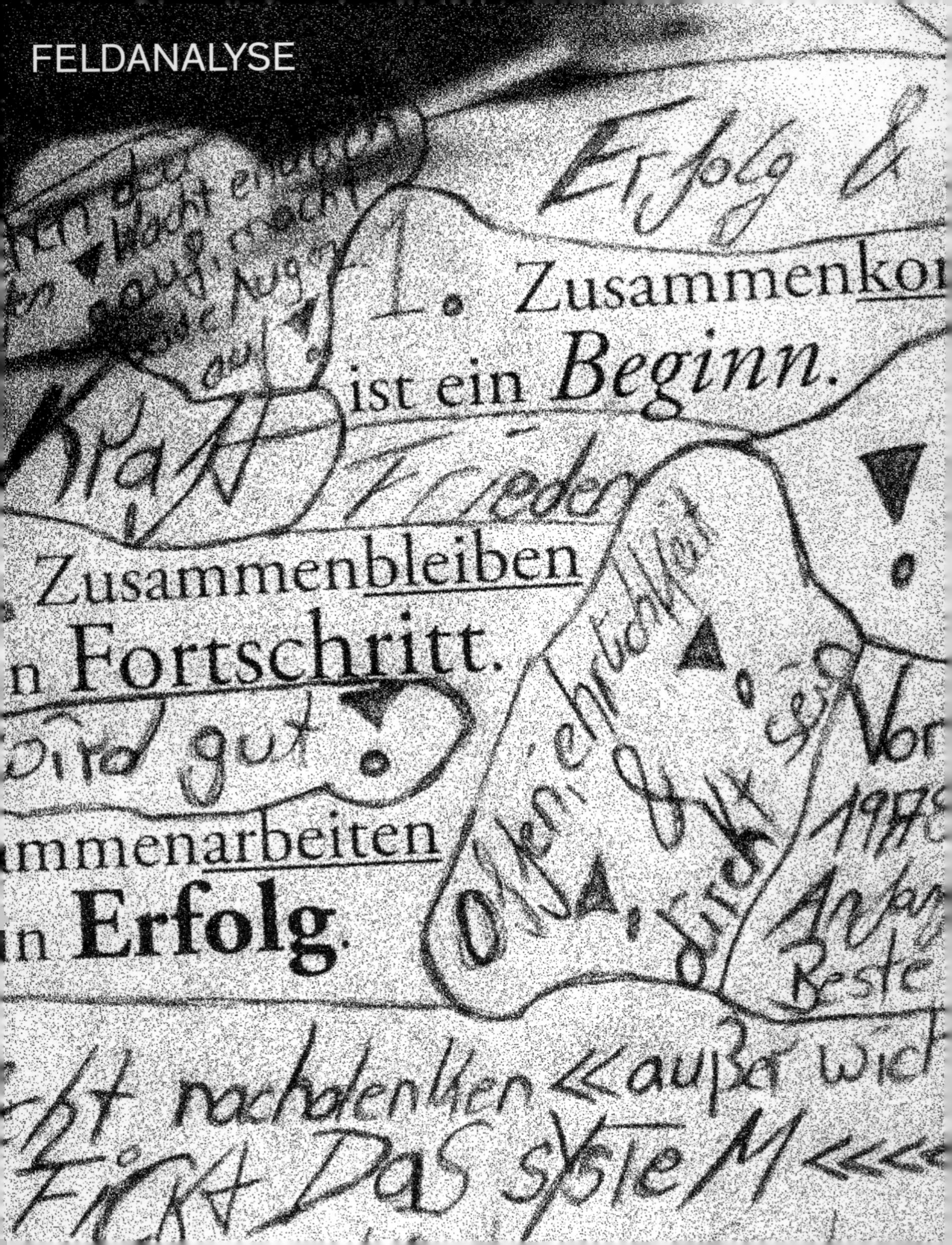

Erfolg b

1. Zusammenkon
ist ein *Beginn*.

Kraft Frieden

Zusammen<u>bleiben</u>

n Fortschritt.

Wird gut

mmen<u>arbeiten</u>

n **Erfolg**.

Offen, ehrlichkeit

ehrlich sein

Vor
1978

Anfan
Beste

ht nachdenken «außer wich

FICKT Das System «««

JULIA WEBER

„HERUMLUNGERN" ALS EIGENSINNIGE ALLTAGSPRAXIS

Kurfürstenstraße, Hermannplatz, Park Hasenheide, Nollendorfplatz, Savignyplatz, Maybachufer, Kottbusser Tor, Friedrichstraße, Alexanderplatz, Hohenstaufenplatz, Rüdesheimer Platz. Stundenlang, kilometerweit durchstreifte ich öffentliche Orte in Berlin-Mitte, Kreuzberg, Neukölln, Wilmersdorf und Charlottenburg und hielt Ausschau nach Menschen, die „herumlungerten". Auf meinen langen Wegen begegnete ich einer Unmenge von Menschen, deren Praktiken sich als „Herumlungern" deuten ließen: Menschen, die am Straßenrand bettelten; Punks, die mich anschnorrten; Obdachlose, die ihr Nachtlager unter einer Brücke aufschlugen; Jugendliche, die in Parkanlagen laut Musik hörten, Gras rauchten und Bier tranken; ältere Menschen, die Mülleimer systematisch nach Pfandflaschen durchforsteten; DealerInnen, die in U-Bahnhöfen Heroin verkauften. Je länger ich ging und je tiefer ich in die Stadt Berlin eintauchte, umso mehr schien mir mein Erkenntnisgegenstand „Herumlungern" zu entgleiten; er wurde zusehends unfassbarer und ambivalenter. Mir wurde bewusst, dass ich Menschen auf der Straße, in Parkanlagen und auf Plätzen aufgrund ihres äußeren Erscheinungsbilds, ihrer Verhaltensweisen, ihrer Gangart als potenzielle „Herumlungernde" identifizierte, dass ich durch meine Zuschreibungen dominante gesellschaftliche Diskurse über die Praktik des „Herumlungerns", die oft mit Untätigkeit gleichgesetzt und mit einer gewissen Verdächtigkeit assoziiert wird, aktiv reproduzierte. Doch was bedeutet „Herumlungern" überhaupt?

Laut Online-Duden (Duden 2017) bedeutet das Verb „herumlungern": „nichts zu tun wissen und sich irgendwo untätig aufhalten". Diese Beschreibung formuliert eine negativ konnotierte Außenperspektive: Ein Mensch „lungert herum", weil er nicht weiß, was er tun will, das heißt, keine konkreten Absichten und Ziele verfolgt. Dieses alltagssprachliche Verständnis von „Herumlungern" wird oft mit einem sicherheits- und ordnungspolitischen Diskurs verknüpft. Dabei wird „Herumlungern", wie im Online-Duden, meist als negativ konnotierte Fremdbezeichnung verwendet und dient als Überbegriff für unterschiedliche Praktiken wie Schlafen, Herumstehen, Herumsitzen, Betteln und langsam Gehen an öffentlichen Orten. Den „Herumlungernden" wird die (un-)bewusste Absicht unterstellt, sich dem bürgerlichen Arbeits- und Konsumethos entziehen zu wollen. Insbesondere Angehörige von bestimmten sozialen Gruppen wie Obdachlose, BettlerInnen, Punks und Asylsuchende, welche die Behörden aus gewissen städtischen Innenräumen verdrängen wollen (Rolshoven 2014: 8–9; Litscher 2017:

130–132), stehen im Fokus derartiger Fremdzuschreibungen. Ihre Verhaltensweisen werden als potenzielle Bedrohung der öffentlichen Sicherheit interpretiert.

In meiner ethnografischen Feldanalyse hinterfragte ich die dominanten alltagsweltlichen und ordnungs- und sicherheitspolitischen Diskurse über das „Herumlungern". Ich untersuchte die sozial und kulturell wirksamen Potenziale, die sich hinter den sicht- und beobachtbaren Oberflächen von Praktiken des „Herumlungerns" einer Gruppe von Langzeiterwerbslosen verbergen, die sich regelmäßig an einem selbst gestalteten Treffpunkt am Hohenstaufenplatz, im Volksmund „Zickenplatz", versammelt. Im Besonderen interessierte mich die Innensicht der Gruppe auf ihre Praktiken des „Herumlungerns". Dabei standen die subjektiven Wahrnehmungen, Erfahrungen, Erinnerungen und Wünsche, welche die Gruppe mit ihren Praktiken verbindet, im Vordergrund. Bei der untersuchten Gruppe handelt es sich um Menschen, die zwischen 50 und 65 Jahre alt sind und aus dem Handwerks- und ArbeiterInnen-Milieu stammen. Sie sind langzeiterwerbslos, leben von Arbeitslosengeld II und leiden an unterschiedlichen gesundheitlichen Problemen, unter anderem an Alkoholabhängigkeit. Der harte Kern der Gruppe, fünf Personen, trifft sich fast täglich an diesem Ort und wohnt im sogenannten Graefekiez, der sich durch die seit den 2000er Jahren stattfindenden rasanten Gentrifizierungsprozesse stark verändert hat.

In methodischer Hinsicht erschloss ich mir den Treffpunkt am „Zickenplatz", die Menschen und ihre Praktiken „herumlungernd". Damit stellte „Herumlungern" mein Erkenntnisobjekt wie auch mein methodisches Vorgehen dar. Die teilnehmende Beobachtung über drei Wochen hinweg stellte den Kern dieser Vorgehensweise dar. Dazu gehörte, dass ich mich einerseits den vorgefundenen situativen Praktiken der Personengruppen aussetzte und andererseits mein „eigenes strategisches Spiel der Wissenserzeugung" (Breidenstein 2015: 42) betrieb. Meine Rolle oszillierte somit zwischen Nähe – dem Dabeisein und Miterleben – und analytischer Distanz. Um Daten zu gewinnen (und diese später auszuwerten) setze ich verschiedene Aufzeichnungsinstrumente ein: Ich nutzte einen Audiorecorder, um Gespräche aufzuzeichnen, und ein Feldtagbuch, um meine (visuellen) Feldwahrnehmungen und -beobachtungen darzulegen und zu reflektieren. Die Gesprächs- und Interviewdaten erwiesen sich als äußerst bedeutsam: Sie ermöglichten mir einen Einblick in die subjektiven Wahrnehmungen, Erfahrungen, Wünsche und Ausdrucksweisen, welche die untersuchten Personen mit ihren Praktiken verbinden.

Der vorliegende Text besteht aus zwei Bausteinen. Zunächst geht es um meine persönlichen Wahrnehmungen und Beobachtungen des Orts, der Menschen und ihrer Praktiken sowie um meine Involviertheit ins Feldgeschehen. Dieser narrative Text ist mit verdichteten Direktzitaten der „Zickenplatz"-Gruppe angereichert. Im zweiten Textbaustein nehme ich eine analytisch-reflektierende Haltung ein und interpretiere meine Beschreibungen und Direktzitate entlang der oben formulierten Fragestellung nach der sozialen und kulturellen Wirksamkeit von Praktiken des „Herumlungerns".

Ich bin zu Fuß unterwegs, im Graefekiez, einer Wohngegend mit Gründerzeitbauten im Süden Kreuzbergs, zwischen Hermannplatz und Südstern. Großbürgerliche Fassaden, grün gesäumte Straßen aus Pflasterstein, schicke Cafés und Designerläden, italienische Eisdielen. Menschen, denen ich auf meinem Weg durch den Kiez begegne, unterhalten sich auf Englisch, Deutsch und Französisch. In den vergangenen 15 Jahren seien hier, wie mir erzählt wird, viele Wohnungen in Eigentumswohnungen umgewandelt worden. Die Mieten seien gestiegen, nur noch gutverdienende Menschen könnten es sich leisten, hier zu wohnen. Ich lasse mich treiben, in Gedanken versunken. Es ist ein heißer und schwüler Nachmittag im August 2017. Plötzlich fällt mir ein älterer Mann mit Brille und glattem, langem, grauem Haar ins Auge, hager, in schwarzer Kleidung und mit weißen Stoffhandschuhen, an einem Holztisch sitzend, neben Altglascontainern. Er zieht meinen Blick an, seine Stoffhandschuhe irritieren mich. Popmusik dröhnt aus einem Lautsprecher, der auf dem Tisch steht. Ein Mann in seinen frühen 60ern und eine Frau Ende 50 sitzen neben ihm auf Festbänken. Sie sind in ein heftiges Gespräch vertieft, die Frau lacht schallend. Ich frage sie, ob ich mich zu ihnen setzen und sie zum Thema „Herumlungern" befragen dürfe. „Wir sind doch keine Straßenhocker!", sagt die Frau energisch. „Ich sitze nur hier. Wegen ihnen. Wir sind Freunde, gute Freunde. Wir kennen uns jahrzehntelang". Ich erröte. „Bier trinken ist nur eines unserer Hobbys", sagt der Langhaarige, lacht und lädt mich an ihren Tisch ein, unter alten Linden, auf 50 Meter über Meer. Cornelia, Uwe und Christian heißen die drei. Unser Gespräch kreist um die seit den 2000er Jahren stattfindende rasante Gentrifizierung im Kiez. Die Angst, demnächst aus den Mietwohnungen rausgeschmissen zu werden, würde allen tief im Nacken sitzen. Der Verdrängungsdruck auf Ärmere und Alteingesessene wachse. „Kiez, man sieht sich, man kennt sich. Das ist vorbei. An manchen Tagen sehe ich niemanden auf der Straße, den ich kenne. Wenn ich Pech habe, bin ich der Letzte, der übrigbleibt", sagt Uwe. „Man merkt, der Wahnsinn kommt auch unten an, in unserer Gemeinschaft. Die Leute haben Angst. Entweder du gehst schnell oder du bleibst stehen." Er sei der Langsamste überhaupt. Seine Armbanduhr habe er ein für alle Mal abgenommen. „Seit meinem Herzinfarkt habe ich nicht mehr gearbeitet, ich lebe von 300 Euro nach allen Abzügen, am Rande des Existenzminimums. Irgendwie komme ich durch. Ich muss mich halt einschränken, mal weniger, mal mehr." Nun sitze er hier, ob Winter oder Sommer. Wenn es bitterkalt sei, stecke er die Flasche in die Innentasche seines Mantels, damit das Bier warm bleibe. Gegen Abend gesellen sich weitere Menschen zu uns. Sie sind sich offenbar vertraut. Sie quatschen, lauter und lauter, es fließen Unmengen von Bier. Es ist einer dieser lauen Sommerabende, der Asphalt ist noch warm von der Mittagshitze. Wir sitzen zusammen, in einer dichten Haschisch-Rauchwolke, auf dem Hohenstaufenplatz, im Volksmund „Zickenplatz", wo im 19. Jahrhundert mit Ziegen, Schafen und Kleinvieh gehandelt wurde.

Zurück in Zürich transkribiere ich das Gespräch, das ich bei meinem Besuch auf dem „Zickenplatz" aufgezeichnet habe. Dann wird es Herbst, und auch die Wintermonate verstreichen langsam. Ich denke nur wenig an die Menschen vom „Zickenplatz". Im Frühling 2018 nehme ich die Gesprächs-Transkripte hervor und schaue eine Fotografie an, die ich im vergangenen Sommer machte. Sie zeigt den Holztisch, drei Plastikstühle und zwei Festbänke, ohne Menschen. Das ist der Treffpunkt, wo sich die Alteingesessenen aus dem Graefekiez versammeln. Sie zählen zu den wenigen, die sich das Wohnen im Kiez noch leisten können, da sie alte Mietverträge[1] haben. Im Zuge dieser „verteufelten Gentrifizierung" hätten sie bereits viele Freundinnen und Freunde verloren; mindestens zwei Drittel der Menschen, die früher im Kiez wohnten. Sie seien an den Stadtrand verdrängt worden, viele nach Marzahn, oder weiter weg. Andere seien verstorben.

Den August 2018 verbringe ich wieder in Berlin. Ob Cornelia, Uwe und Christian wohl noch hier sind? Oder haben sie ihren Platz räumen müssen? Wurden sie vielleicht gar aus ihren Mietwohnungen herausgeschmissen? Noch am Abend meiner Ankunft – wie immer wohne ich im Bezirk Kreuzberg-Neukölln, dieses Mal in einem Zimmer an der Karl-Marx-Straße 45 – spaziere ich in der Dämmerung auf den Hohenstaufenplatz. Bereits von weitem erblicke ich Uwes Silhouette, der „DJ am Zickenplatz". Er sitzt am mit Bierflaschen beladenen Holztisch, wild gestikulierend. Ich gehe näher, ein deutscher Schlager erklingt aus dem Lautsprecher. Ein mir unbekannter Mann sitzt neben ihm auf der Festbank. Wir begrüßen uns. Ich bemerke sofort, dass der Lautsprecher merklich größer geworden ist. „Wir haben vorwärts gemacht", sagt Uwe schmunzelnd. Er trägt einen hellbeigen Strohhut, bestückt mit einer Feder und einem Traumfänger. Er hat wieder seine graue Kühltasche dabei. Seine Tagesration – sechs Flaschen Meisterfels, je 32 Cent – habe er bereits intus, sagt er. Ich lade ihn und seinen Kollegen Oli auf ein Berliner Kindl ein, das ich im Späti auf der gegenüberliegenden Straßenseite kaufe. Uwes Lieblingsbier, denn es sei besonders magenfreundlich. Es wird Nacht. „Die Straßenlaternen aus Gußeisen

[1] Altmietverträge in Berlin sind für die MieterInnen günstig im Hinblick auf Kündigungsfrist, Mieterhöhungen etc. Im Graefekiez werden AltmieterInnen zunehmend aus ihren Wohnungen verdrängt, weil EigentümerInnen die Mieten durch Neuvermietungen vervielfachen können. Außerdem werden viele Mietwohnungen in Eigentumswohnungen umgewandelt. Sowohl die Neuvermietungen wie auch die Umwandlungen führen zu einer Verdrängung der BewohnerInnen aus ihrem Kiez.

sind in Revision. Nur noch wenige Menschen wagen sich noch abends auf den Platz. So haben wir unsere Ruhe", sagt Oliver. In der Dunkelheit tauschen wir uns über Menschen aus, die ich im vergangenen Juni hier antraf. Einige seien verschwunden, andere tauchten nur noch selten auf. „Wir sind eine aussterbende Spezies", sagt Uwe. Rosi, eine „Feucht-Messi", sei gegen ihren Willen in ein Altenheim gesteckt worden. Im letzten Sommer lebte sie noch mit ihrem Hab und Gut im Garten einer Freundin, die in einem frisch sanierten Gebäude wohnte, das früher zum Urbankrankenhaus gehört hatte. Sie war tagein und tagaus mit ihrem Rollator unterwegs und sammelte alles, was sich auf der Straße fand: Bierdeckel, Münzen, Plastiksäcke, Steine, Zigarettenstummel, Federn. Kerstin würden sie auch kaum noch sehen. Sie wolle ihr altes Ego hinter sich lassen. „Alle zwei Tage macht sie einen Milchtag", sagt Uwe. Ich frage ihn, ob ich die nächsten drei Wochen hier verbringen dürfe. Er willigt ein.

Täglich besuche ich die Menschen vom „Zickenplatz". Es ist ein furchtbar heißer August, die Sonne brennt auf den Platz, die Blätter der Linden verdorren, es herrscht Wassernotstand in Berlin. Ich gleiche meinen Tagesrhythmus an jenen der Gruppe an. Die Leute versammeln sich erst am späten Nachmittag vor Ort, ab 17 Uhr, im Schatten der Linden. Es riecht nach Urin, streng und fischig, weil einige sich immer wieder zwischen den Glascontainern erleichtern. Die öffentliche Toilette für 50 Cent am Kottbusser Damm sei ihnen schlichtweg zu teuer. Es wird viel geraucht und viel getrunken. Man tauscht sich aus über Trump, Fußballländerspiele, Philosophie, das Jobcenter und Autorennen. Die leeren Pfandflaschen, die sich auf dem Holztisch türmen, werden immer wieder in den Spätverkauf gebracht und gegen volle Flaschen eingetauscht. Wem das Geld ausgeht, lässt sich den Biereinkauf anschreiben. „I. B., bitteschön." Auch ich hole mir immer wieder ein Bier und setze mich danach an den Holztisch zurück. Manchmal gebe ich eine Runde aus. Ich bin nicht trinkfest genug, ich kann nicht mithalten. Meine Tage am „Zickenplatz" sind lang. Ich harre aus. Christian, Cornelia, Oliver und Uwe sind jeden Tag vor Ort. Es gesellen sich immer wieder neue Gäste zu uns, offenbar alte FreundInnen und KollegInnen, die unangemeldet erscheinen, ehemalige KreuzbergerInnen, die teilweise länger als eine Stunde mit den öffentlichen Verkehrsmitteln angereist sind. Auch am Rande von Berlin würde es zunehmend teurer, erzählt man mir immer wieder, es sei vorbei. Ich werde den Gästen als „Schweizerin", „Studentin", „Informationskünstlerin" oder „Reporterin" vorgestellt. Immer bin ich die Jüngste am Holztisch. Die Stimmung ist jeden Tag anders, sie verändert sich mit den Menschen, die hier sitzen. „Klar, wir haben auch mal Meinungsverschiedenheiten. Aber was soll's, das ist halt so. Hier kann man auch gehen, wenn es dir nicht passt, da vorne stehen noch ein paar Bänke." Uwe weist mit dem Zeigefinger in Richtung Kottbusser Damm.

Am Ende der ersten Woche schenkt mir Uwe eine Art Kette, eine silberne Hand an einem Lederband. Daraufhin entwickelt sich eine vertrauensvolle Beziehung zwischen mir und dem „Zickenplatz"-Treff. Sie erzählen mir von ihren gesundheitlichen und psychischen Problemen, die sie täglich in die Knie zwingen, den teuren Kneipen, dem knappen Hartz-IV-Geld, der fehlenden staatlichen Unterstützung, den Ressentiments, die sie von vorbeigehenden Menschen im Graefekiez zu spüren bekommen. Sie erzählen mir aber auch, dass sich in jüngster Zeit überraschenderweise „normale" und „intelligente" Leute zu ihnen setzen würden, beispielsweise ein Italiener, der am Platz wohnt und ihnen kürzlich einen Teller Pasta servierte. Das gäbe ihnen das Gefühl, dazuzugehören. „Viele Nachbarn kommen jetzt auch raus. In den vergangenen Jahren hat sich mehr Außenkultur entwickelt, in allen Köpfen. Wir haben es ihnen vorgemacht! Viele trauten sich früher nicht, draußen zu sitzen. Sie dachten wohl, sie seien dann so Außenseiter wie wir", sagt Cornelia. Viele Gespräche über den Treffpunkt entstehen aus dem Moment heraus, in Abhängigkeit von den Menschen, die sich dort aufhalten. Ein Gespräch entwickelt sich aus dem anderen. Wenn ich die Erlaubnis habe, zeichne ich die Gespräche mit dem Audiorecorder auf.

„Party machen: woanders. Drogen dealen: woanders. Messerstechereien: woanders. Das Ordnungsamt lässt uns in Ruhe, solange wir den Platz sauber halten", erzählt Christian. „Wenn einer sturzbetrunken ist, Streit anzettelt, Bierflaschen rumschmeißt, regeln wir das unter uns: Jetzt reicht's, Platzverbot! Nur wenn Blut fließt, informieren wir die Kiezpolizei. Zwei bis drei Mal pro Woche fegen wird den Platz", fügt Oliver hinzu. Der Treffpunkt sei das letzte „Reservat", das sie noch eigenmächtig gestalten könnten. Das Aufblitzen des Begriffs „Reservat" lässt mich erahnen, dass Verbindungen zwischen dem ehemaligen Westberlin und der Gruppe am „Zickenplatz" bestehen. Ich frage nach. Uwe nickt und erzählt: Auch das abgeschlossene Westberlin sei ein „Reservat" gewesen, in dem sich Freaks, AussteigerInnen, Schwule und Lesben herumtrieben. Sie setzten sich für ein freies und selbstbestimmtes Leben ein. Damals war der Graefekiez eine heruntergekommene Gegend, ein „Einfacher-Leute-Kiez". Die Häuser waren baufällig, die Fassaden bröckelten, überall waren noch Einschusslöcher vom Zweiten Weltkrieg zu sehen. Viele Wohnungen standen leer. Über Mund-zu-Mund-Propaganda bekam man eine Wohnung. Wo keine Gardinen hingen, konnte man einziehen. Viele MieterInnen vom „Zickenplatz" zogen in den 1980er Jahren nach Kreuzberg, weil sie nicht zur Bundeswehr wollten, homosexuell waren oder vor der Stasi aus der DDR flohen. Damals saß man im gleichen Boot. Man wusste, wer man war: Berliner FrontstädterIn. „Ich kannte die meisten im Kiez, die meisten kannten mich. Wir lebten miteinander, nicht gegeneinander. In den Kneipen trafen sich alle, vom Penner zum Professor. Alle durften rein, solange sie nicht auf den Tresen kotzten. Wir mussten miteinander klarkommen. Wir konnten nicht wegrennen. Seit der Wende fehlt der Gemeinschaftsgeist im Kiez. Alle denken, ihre Egos aufplustern zu müssen", sagt Uwe.

„Früher tranken wir unser Bier aus dem Glas, heute aus der Flasche", sagt Oliver. Sie erzählen mir, dass sich die „Szene" vom „Zickenplatz" früher im *Schlawinchen* traf, einer Berliner Urkneipe, einige Hundert Meter vom Platz entfernt. Als 2006 Hartz IV eingeführt wurde, konnten sie sich die Kneipen nicht mehr leisten. Sie ließen sich am „Zickenplatz" nieder, um gemeinsam in Ruhe ihr selbstgekauftes Bier zu trinken. Damals saßen sie noch auf dem Fahrradständer, das tat weh nach ein paar Stunden. Gegen Ende der zweiten Woche erfahre ich von Uwe, dass ein schillerndes „Kreuzberger Original" namens Mario den Treffpunkt am „Zickenplatz" gegründet habe. Niemand wusste genau, woher er kam. Wie ein Deutscher sah er nicht aus, sagt man mir immer wieder. Vermutlich sei er zu einem Fünftel indianischer Herkunft gewesen. Mario kam in den 1980er Jahren aus der DDR nach Westberlin und steckte tief in der Drogen-, Club- und Rotlichtszene. „Er war schon ein schlimmer Finger und verlor auch ab und zu mal den Überblick", sagt Oliver. Er war ehemaliger DJ der größten Diskothek Berlins, Ex-Junkie, Ex-Zuhälter und Vater von fünf Kindern. Im Oktober 2016 starb er an Leberkrebs, sehr früh, 63-jährig. Jeder erbte eine Platte Haschisch und einen 100-Euro-Schein.

Uwe zeigt mir Fotos von Marios Hauspartys um 2006. „Der Stammsitz von Mario", sagt er stolz. Ein Wohnzimmertisch, übersät mit vollen, halbleeren und leeren Bierflaschen, ein überquellender Aschenbecher, Rauchschwaden hängen in der

Luft. Auf den Fotografien erkenne ich einige Gesichter wieder: Uwe, Kerstin, Detlev, Christian. Uwe posiert engumschlungen mit seiner damaligen Freundin auf einem Sofa, im Hintergrund Bücherregale, gefüllt mit CDs und Indianerfiguren aus Porzellan. Ein Federschmuck und ein Poster von Sitting Bull hängen an der Wand. Viele Menschen auf den Bildern erkenne ich nicht. „Franzi ist tot, Marina ist tot, Iris ist tot. Keine hat's bis zur Rente geschafft. Prost auf Bernd. Anfang Jahr ging auch er, sein letztes Hartz-IV-Geld brachten wir ins Wirtshaus. Auch Jürgen, der Bootsmann, schluckte nur hochprozentigen Wodka, 180 Liter im Jahr. Wie er in den Landwehrkanal reinfiel, weiß keiner. Seine Leiche trieb kopfüber im Hafen, im Februar 2014, das Wasser war eiskalt", sagt Oliver. Mario, mit pechschwarzem Haar, funkelnden Augen, dunklem Teint und einem Vokuhila, grinst auf einem der Bilder breit in die Kamera, seine Reihe schneeweißer Kunstzähne ist nicht zu übersehen.

„Mario vertickte von Montag bis Freitag Haschisch, jeweils von 14 bis 17 Uhr, 5 Euro das Gramm. Er war unser Haus- und Hofdealer am Platz und hatte die besten Preise. Er half aus, wo er konnte. Er gab weiter, wenn er was hatte. Er hatte immer genug, mal Bares, mal Haschisch. Er brachte uns durch den Monat, wenn die Knete knapp war", erzählt Oliver. Dann kam offenbar eins nach dem anderen. „Wir sind halt relativ kultiviert", sagt Cornelia. Sie erzählt mir, dass plötzlich ein Tisch dastand, zuerst zwei Glastische und ein Marmortisch und dann ein Holztisch. Die Glastische wurden abtransportiert von amerikanischen Studentinnen, die sich neu einrichteten, der Marmortisch auch. Der Holztisch blieb stehen. Die Festbänke schenkte ihnen der Wirt von der Kneipe nebenan, als er Möbel aussortierte. Sie kratzten Geld zusammen, jeder ein paar Euro, kauften drei Fahrradschlösser und ketteten die Bänke fest. Sie machten einen Müllsack am Tisch fest und hingen einen Besen und einen Eimer an den Baum.

„Soll ich mit den Steuern meinen eigenen Untergang finanzieren?! Hier, wo ich eine Aufgabe habe, sitze ich", meint Oliver stolz. „Wir führen das Erbe von Mario weiter. Die Leute zurechtzuweisen, wenn sie Scheiße bauen und fördern, wenn sie gut sind." Christian fügt hinzu: „Hier werden halt so kleine Geschäfte gemacht. He, bring mir mal eine Waschmaschine. He, hilf mir mal beim Malen. Oder he, kannst du mir mal beim Tragen helfen oder Fahrrad pumpen? Selbstorganisation, so einfach funktioniert es. Veränderung muss von unten heraus passieren. Wir brauchen unbedingt Nachwuchs, irgendeiner muss das ja weiterführen! Die vielen Studenten im Kiez sind für nichts zu gebrauchen."

Meine Zeit am „Zickenplatz" neigt sich dem Ende zu. Uwe organisiert eine Grillparty für mich. Das Grillieren fällt ins Wasser, es ist zu regnerisch. So sitzen wir zu fünft – Detlev, Uwe, Oli, Cornelia, Christian und ich – am Holztisch, unter den Linden, auf 50 Meter über Meer. Immer wieder findet ein Regentropfen seinen Weg durchs Blätterwerk der tief herabhängenden Äste auf meinen mit Thunfischsalat gefüllten Teller. Ich friere, es ist der erste kühle Tag nach der langen Hitzewelle. Cornelia übergibt mir eine Packung Merci, Schokolade in Stäbchenform, und eine Postkarte mit einer leuchtend gelben Glockenblume drauf: „Liebe Julia, danke für deinen Besuch bei uns in Kreuzberg an der Zicke!! Bleib wie du bist!! Und alles, alles Gute. Bist uns jederzeit willkommen. Du passt in die Welt."

Welche sozial und kulturell wirksamen Potenziale verbergen sich hinter den sicht- und beobachtbaren Praktiken des „Herumlungerns" am „Zickenplatz"? Die Praktiken der sich dort versammelnden Menschen – etwa Bier trinken, sich unterhalten, gemeinsam Musik hören – deutete ich zunächst als Formen des kollektiven Nichtstuns und der Untätigkeit. Auch der Umstand, dass die „Zickenplatz"-Gruppe mehrheitlich langzeiterwerbslos ist und sich regelmäßig, insbesondere nachmittags, an diesem Ort trifft, also zu Tageszeiten, wenn andere Menschen auf der Arbeit sind, legt diese Interpretation nahe. Diese eher negativ konnotierten Fremdzuschreibungen beschreiben jedoch lediglich die sicht- und beobachtbaren Oberflächen ihrer Praktiken und Routinen. Die historisch gewachsenen solidarischen und fürsorgenden Potenziale hingegen sind von außen nicht erkennbar. Ich lernte sie durch mein Dabeisein und Miterleben sowie in vielen, über einen Zeitraum von drei Wochen vor Ort stattfindenden Gespräche kennen.

Der harte Kern der Gruppe hat sich über die Zeit als „Stammtisch" im öffentlichen Raum organisiert, weil er sich seit der Einführung von Arbeitslosengeld II die Kneipen nicht mehr leisten kann. Die Gruppe verlagerte somit ihren Stammtisch in der Urkneipe *Schlawinchen*, an dem sie sich früher versammelten, in einen anderen öffentlichen Raum. Mit dem Begriff „Stammtisch" bezeichne ich nicht nur den Holztisch am „Zickenplatz", an dem sich die Leute regelmäßig treffen, sondern auch die historisch gewachsene Gruppe von Menschen, die aufgrund ihrer ähnlichen Lebenssituation, die durch Angst vor Verdrängung, Langzeiterwerbslosigkeit und ihre Zugehörigkeit zur ehemaligen Westberlin-Szene gekennzeichnet ist, kollegial und freundschaftlich miteinander verbunden sind. Zum einen strukturieren sie durch das gemeinsame „Herumlungern", das durch feste Anwesenheitszeiten geprägt ist, ihren Alltag. Zum anderen unterstützen sie sich gegenseitig in alltäglichen Belangen, etwa bei Malerarbeiten, Einkäufen oder im Falle von Geldknappheit. Das heißt, ein Raum für eine solidarische und fürsorgende Vergemeinschaftung wird in situ erprobt. Diese gelebte Kultur des Miteinanders geht ganz offensichtlich auf Mario alias „der Indianer" zurück. Unter der Gruppe vom „Zickenplatz" gilt er als Gründervater dieses Treffpunkts, weil er mit seinen regelmäßigen Anwesenheitszeiten die Praxis des Füreinander-Daseins vor Ort vorgelebt hat und auf diese Weise etablieren konnte. Trotz seines frühen Todes genießt er noch immer einen hohen Status in der Szene: Mario ist für die Menschen am „Zickenplatz" eine zentrale Erinnerungsfigur, die für ein selbstbestimmtes Leben steht. Die individuellen und gemeinsamen Erinnerungen an ihn haben sich tief ins kollektive Gedächtnis dieser Gruppe von Menschen eingeschrieben und liegen ihrem historisch gewachsenen Selbstverständnis zugrunde.

Soziale und ökonomische Notwendigkeiten und Bedürfnisse sowie geteilte Lebens- und Verdrängungserfahrungen führten also dazu, dass die Gruppe sich den öffentlichen Standort am „Zickenplatz" dauerhaft aneignete. Die gewachsenen solidarischen und fürsorgenden Strukturen innerhalb der Gruppe unterstützen und erleichtern den Alltag der Mitglieder. Ihre Praktiken haben sich zu einer gemeinschaftlichen Lebens- und

Überlebensform verfestigt. Der „Stammtisch" zeigt exemplarisch, wie durch eine informelle Aneignung eines öffentlichen Standorts mit einfachen Mitteln – einem Tisch, Festbänken und Stühlen – ein „Rückzugsraum" geschaffen werden kann, der nach eigens festgelegten Ordnungs- und Verhaltensregeln funktioniert. Außerdem schafft sich die Gruppe mit der improvisierten Möblierung einen sicht- und beobachtbaren „Gegenraum", der sich stark von normierten und standardisierten Aufenthalts- und Konsumzonen in öffentlichen Stadträumen unterscheidet. Die dauerhafte Präsenz des selbst gestalteten „Stammtischs" an diesem zentral gelegenen Platz im gentrifizierten, touristifizierten und internationalisierten Graefekiez – aktuell blickt der „Stammtisch" auf eine 15-jährige Geschichte zurück – verstehe ich als den (un-)bewussten Wunsch der Alteingesessenen aus dem Graefekiez nach Zugehörigkeit, sozialem Austausch und Anerkennung. Auf diese Weise nehmen die Menschen, ganz im Sinne Henri Lefebvres, ihr „Recht auf die Stadt" wahr: „a demand … [for] a transformed and renewed access to urban life" (Lefebvre 1968/1996: 158). Als „KiezbürgerInnen" tragen sie in der Sprache Lefebvres zur „Stadt als Werk" (ebd.: 172–173) bei, indem sie sich einen öffentlichen Standort selbstbestimmt aneignen und in einen dauerhaften, gleichwohl prekären eigenen „Rückzugs- und Gegenraum" transformieren, der bis heute vom städtischen Ordnungsamt geduldet wird. Darin erkenne ich das eigensinnige Potenzial des gemeinsamen „Herumlungerns" am „Zickenplatz".

Literaturliste

Breidenstein, Georg/Hirschauer, Stefan/Kalthoff, Herbert/Nieswand, Boris (2015): Ethnografie. Die Praxis der Feldforschung, Konstanz

Online-Duden (2017): herumlungern. Verfügbar unter: http://www.duden.de/rechtschreibung/herumlungern [23.4.2017]

Geertz, Clifford (1987): Dichte Beschreibung. Beiträge zum Verstehen kultureller Systeme, Frankfurt am Main

Lefebvre, Henri (1968/1996). „The right to the city", in: Kofman, Eleonore/Lebas, Elizabeth (Hg.): Writings on cities, S. 63–181

Litscher, Monika (2017): „Wegweisung aus öffentlichen Stadträumen oder: Vom Umgang mit urbanen Vergnügungen und mit Risiken des Lebens", in: Häfele, Joachim/Sack, Fritz/Eick, Volker/Hillen, Hergen (Hg.): Sicherheit und Kriminalprävention in urbanen Räumen. Aktuelle Tendenzen und Entwicklungen, Heidelberg, S. 129–150

Rolshoven, Johanna (2014): „Graz – Offene Stadt?!", in: Rolshoven, Johanna/Klengel, Robin (Hg.): Offene Stadt. Nischen, Perspektiven, Möglichkeitsräume. Reader zum Studienprojekt Open City, Graz, S. 7–22

Der Stammtisch am „Zickenplatz", 2018, Foto: Julia Weber

INSZENIERUNG

JÜRGEN KRUSCHE

ÜBER ATMOSPHÄREN, FIKTIONEN UND DAS NICHT-FOTOGRAFIEREN

Die Transformation unserer Städte lässt sich an verschiedenen Indizien ablesen: an der baulichen Substanz, an der Gestaltung der öffentlichen Räume, an Statistiken zur Veränderung der Sozialstruktur von Quartieren oder an subjektiven Erfahrungen, wie sie in diesem Buch vorgestellt werden. Die Veränderung der Städte weltweit kann aber auch an deren charakteristischen Atmosphären festgestellt werden, zu denen vor allem die öffentlichen Räume beitragen. Viele Städte sind im Vergleich zu früher fußgängerfreundlicher geworden, Plätze wurden von Autos befreit, die Aufenthaltsqualität der Innenstädte und Fußgängerbereiche wurde verbessert, Grünanlagen und Parks wurden erstellt – mit allen Vor- und Nachteilen, die diese Neugestaltungen mit sich bringen.

Atmosphären

Aber auch andere Phänomene prägen städtische Atmosphären. Im Fokus dieser Bildarbeit stehen jene Atmosphären, die vor allem durch die Anwesenheit von Exkludierten (Bettelnde, Obdach- und Wohnungslose, PfandflaschensammlerInnen, Drogen- und Alkoholabhängige) und ihren Gegenständen, die sie oft bei sich führen, entstehen. Philosophisch betrachtet ist die Atmosphäre etwas, das „dazwischen" liegt, zwischen der materiellen Umgebung und dem subjektiven Empfinden; sie ist weder rein objektiv noch rein subjektiv.[1] In der gepflegten Innenstadt verändert ein am Boden kauernder Bettelnder mit einem Becher vor seinen Füßen die Atmosphäre, aber auch das Verhalten der Menschen, die diese „Figur" am Boden wahrnehmen. Es entsteht eine Spannung oder Stimmung, die nicht objektivierbar, aber wahrnehmbar und durch die Anwesenheit des Bettelnden auch sichtbar ist. Es ist nicht allein der Mensch am Boden – das objektiv Gegebene –, sondern auch die Wahrnehmung der Vorbeigehenden – das Subjektive –,

[1] „Die Atmosphären sind so konzipiert weder etwas Objektives, nämlich Eigenschaften, die die Dinge haben, und doch sind sie etwas Dinghaftes, zum Ding Gehöriges, insofern nämlich die Dinge durch ihre Eigenschaften – als Ekstasen gedacht – die Sphären ihrer Anwesenheit artikulieren. Noch sind die Atmosphären etwas Subjektives, etwa Bestimmungen eines Seelenzustands." Böhme, Gernot (1995): Atmosphäre, Frankfurt am Main, S. 33

2　Siehe dazu: Hasse, Jürgen (2017): „Autopsien der Stadt. Fotografische Mikrologien“, in: Krusche, Jürgen: Die ambivalente Stadt, Berlin, S. 132–157 und Ders. (2012): Atmosphären der Stadt. Aufgespürte Räume, Berlin

welche erst im Zusammenspiel die Atmosphäre erzeugen. Die Fotografie, genauer gesagt eine Abfolge von Fotografien, scheint dafür geeignet zu sein, diese Atmosphären nicht nur zu „zeigen“, sondern sie bis zu einem gewissen Grad auch durch das subjektive Empfinden der Betrachtenden nachvollziehbar zu machen[2] – ein Versuch, der hier unternommen wurde.

Im Wesentlichen wurden für diese Arbeit zwei Methoden/Strategien gewählt: die inszenierte Fotografie für die Serie „Der Stellvertreter“ und die klassische Dokumentation – zum Teil auch mit dem Smartphone – für die Alltagsgegenstände wie in den Serien „Bettel-Becher“ oder „Orte“. Beide Serien werden, ergänzt durch Skizzen und weiteres Arbeitsmaterial, für diesen Beitrag zu einem Bild-Essay zusammengefügt.

Der Stellvertreter

Die Arbeit „Der Stellvertreter“ tangiert verschiedene Diskurse und führt sie in einem Bild/einer Serie zusammen: Kunst und Ethnographie, Fiktion und Realität, Inszenierung, Nutzung des öffentlichen Raums, Armut, Tourismus und Konsum, Inklusion und Exklusion.

Die Fotografien zeigen öffentliche, belebte wie unbelebte urbane Räume mit gewöhnlichen Nutzungen. Doch dazwischen gibt es einen Störfaktor: Da sitzt, liegt, steht ein Mensch, der nicht diesen gewöhnlichen Nutzungen nachgeht. Er sitzt anteilslos, in sich versunken am Boden, wartet oder bettelt; er stört die Szenerie, die von Geschäftigkeit geprägt ist, er „infiziert“ das Bild und lässt eine spezifische Atmosphäre entstehen.

Beim Betrachten der Serie wird klar, dass es sich hier immer um die gleiche Person handelt, dass es keine gewöhnliche Dokumentarfotografie ist; es ist nicht einfach ein Abbild. Die sitzende Figur ist absichtlich dort platziert worden, die Situation ist inszeniert. Hier wird nicht „wirklich" gebettelt, sondern nur so getan als ob. Die Haltungen, Gesten werden nachgestellt. Die Orte, an denen diese stattfinden, sind jedoch „authentisch". Es sind Orte, an denen sonst tatsächlich Menschen sitzen, die betteln, Menschen, die nicht am Konsum teilhaben, die nicht in der üblichen Art und Weise in diesen öffentlichen Räumen agieren, sondern einfach da sind: mit einem Pappbecher, einem Rucksack oder einer Bierflasche – oder mit leeren Händen.

Die „Anteilslosen" (Rancière) bilden das Zentrum dieser Arbeit, so, wie sie sich im öffentlichen Raum aufhalten: mittendrin und abseits zugleich, anwesend, aber dennoch unsichtbar. Von den PassantInnen werden sie kaum beachtet; das urbane Leben zieht an ihnen vorüber. Sie scheinen nicht Teil dieser Gesellschaft zu sein, nicht integriert, sondern exkludiert.

Ethnofiktion

Neben dieser inhaltlichen Ebene wird auch die Frage nach dem Verhältnis von Fiktion und Wirklichkeit gestellt. Warum sitzt da ein „Stellvertreter" und nicht ein „realer" Obdachloser oder eine „echte" Trinkerin, wie wir sie doch alle täglich sehen? Weil es einen Unterschied macht, ob wir diese Menschen sehen oder fotografieren. Sie sollen nicht ausgestellt werden, eingefroren in einem Bild, ohne eigene Stimme. Der „Stellvertreter" hält das aus, er ist Schauspieler und darf gezeigt werden. Er stellt die Situation nach. Ort und Haltung sind „echt", die Person ist es nicht. Dennoch wird das Wesentliche gesagt. Das Bild zeigt die Atmosphäre, wie sie sich durch diese spezielle Konstellation aufbaut; es zeigt die Störung, das (un-)gewöhnliche Nebeneinander von Armut und Konsum, von Rand und Mitte, von Sicht- und Unsichtbarkeit, von In- und Exklusion.

Auslöser für diese Art des Arbeitens war die Verweigerung, Exkludierte zu fotografieren. Es sollte weder eine Dokumentation noch eine Reportage werden; auch sollten für einmal nicht die Person und ihre Biografie im Mittelpunkt stehen, sondern der Ort und seine Atmosphäre. Als Ausweg aus diesem Dilemma schien sich die Fiktion anzubieten, so wie sie Marc Augé in seinem *Tagebuch eines Obdachlosen* eingesetzt hat.[3]

3 Augé, Marc (2012): Tagebuch eines Obdachlosen. Ethnofiktion, München
4 Edwards, Steve (2012): Martha Rosler. The Bowery in two inadequate descriptive systems, London, S. 12
5 Zitiert nach Szepanski, Birgit (2016): Erzählte Stadt. Der urbane Raum bei Janet Cardiff und Jeff Wall, Bielefeld, S. 249

Weitere Inspirationen kamen aus der Kunst, etwa von Martha Roslers Foto-Text-Arbeit *The Bowery in two inadaquate descriptive systems* (1974–75), die verdeutlicht, dass auch ohne „Dokumentar-Pornographie" (*documentary ‚pornography‘*)[4] etwas „gezeigt" werden kann. Auch die Arbeiten von Jeff Wall waren sehr anregend und führten dazu, dass der Versuch unternommen wurde, mit einem Schauspieler zu arbeiten. Seine Herangehensweise war eine wichtige Inspirationsquelle, die mein Vorhaben bestätigte. In einem Interview über seine Arbeit sagte er: „Ich beginne beim Nicht-Fotografieren." (I begin by not photographing.)[5]

So stand auch bei dieser Serie das „Nicht-Fotografieren" am Anfang. Auf der Basis von ausgedehnten Feldforschungen entstanden zunächst Skizzen, die typische Haltungen von Exkludierten und die dazu passenden Orte festhielten. Basierend auf diesen Skizzen wurden später mit dem Schauspieler an exakt diesen Orten die Positionen und Haltungen der Exkludierten reinszeniert. Der Schauspieler macht nur einen kleinen Teil des Bilds aus. Nur er ist inszeniert, der gesamte Rest – der Ort und die vorübergehenden PassantInnen – ist „echt". Entstanden ist eine Mischung aus inszenierter Fotografie und Street Photography.

Neben diesem Versuch, die Atmosphäre einzufangen, die durch die Präsenz einer Person entsteht, wurden auch Dinge, die in diesem Zusammenhang immer wieder Verwendung finden – etwa Becher, mit denen gebettelt wird –, im Sinne der

Material Culture Studies dokumentiert. Aber auch Matratzen und andere Unterlagen, Schlaf- und Rucksäcke, Einkaufswagen und Plastiktüten und die dazugehörenden spezifischen Orte gehören in diesen Kontext.

Der nachfolgende Bildbeitrag versucht sowohl den Prozess des Forschens wie auch den des Entstehens dieser Bildarbeit aufzuzeigen. Zu sehen sind Ergebnisse, aber auch der Weg dorthin, auch Umwege und Korrektureingriffe. Der Beitrag versteht sich nicht allein als Fotografie, sondern als visualisierte Erkenntnisse im Sinne der künstlerischen Forschung im Medium der Fotografie.

Berlin II
am 2019

WIR WOLLEN
UNSERE STADT
ZURÜCK!

Der Kanal des Kiezes

Graefe
Süd

t f 🐦 📷

I ❤ Kotti

THE BARN
COFFEE ROASTERS BERLIN

JÜRGEN KRUSCHE

KIRA ÇOK YÜKSEK

(DIE MIETE IST ZU HOCH)

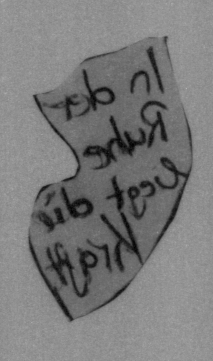

Erfolg & Mut

Bahnhof Zoo / 25.5.2018

180531

D. erzählte Stadt :   S. 250/251

> fotogr. Haltung (Walls)
  ↳ Strategie d. <u>Unauffälligkeit</u>
        ↳ erst beobachten,
              erinnern,
                  (nach-) erzählen

> fotografieren „schafft Distanz",
        = Ausübung von Macht (Foucault)

  — ||gegenseitiges Beobachten im urbanen Raum
        ↳ Tourist m. Handy
              vs. Überwachungskameras

Exkl...
„ jeg...
sol ...
hchen
> Fotog...
  ch...
  Exhi...
  am

S. 25...
Lich...

S. 25...
Walls
Ramm
ch...

Thema
→ d.
als s...
Niht...
→ b...
Selb...

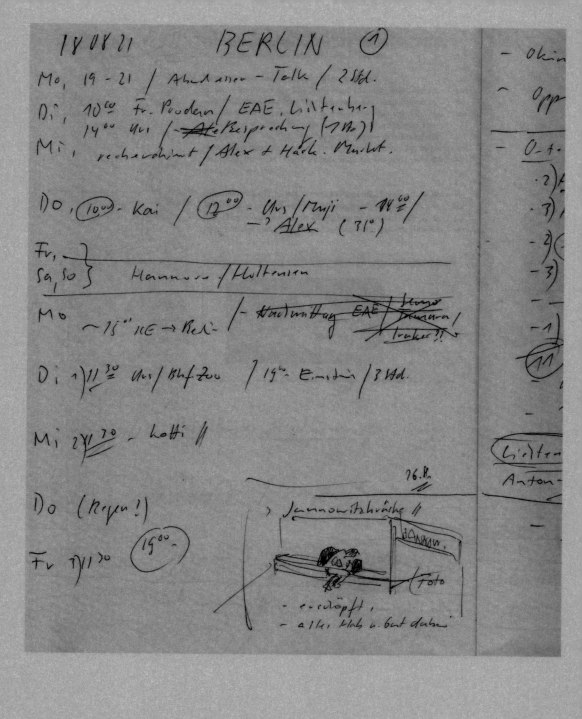

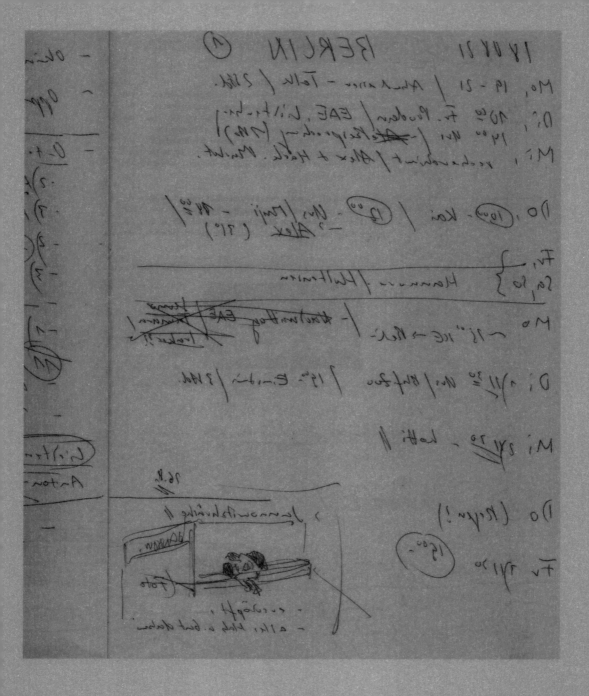

Hausordnung

Herzlich willkommen in unserem Bahnhof!

Wir möchten, dass sich alle unsere Gäste bei uns wohlfühlen. Deswegen sind in unseren Bahnhöfen und auf unseren Vorplätzen folgende Regeln zu beachten:

Nicht gestattet ist ...

▐ Überschreiten der Gleise (Ausnahmen sind örtlich geregelt.)

▐ Gepäck unbeaufsichtigt stehen zu lassen. Im Falle einer vorsätzlichen oder grob fahrlässigen Zuwiderhandlung behalten wir uns vor, die Kosten für eingeleitete notwendige Sicherungsmaßnahmen und eventuelle Folgeschäden in Rechnung zu stellen.

▐ Besprühen, Bemalen, Beschriften, Beschmieren, Verschmutzen, Beschädigen, Bekleben oder Missbrauchen von Ausstattungsgegenständen, Flächen, Decken und Wänden

▐ Missbrauch von Notruf- und Sicherheitseinrichtungen

▐ Versperren von Flucht- und Rettungswegen

▐ Abstellen von Fahrrädern oder anderen Fahrzeugen außerhalb der dafür vorgesehenen Flächen. Im Falle einer Zuwiderhandlung behalten wir uns vor, die Kosten für die Verwahrung und Entsorgung in Rechnung zu stellen.

▐ Fahren mit Kraftfahrzeugen, Zweirädern, Kickboards, Skateboards, Inlineskates oder Vergleichbarem

▐ Ballspielen

▐ Sitzen und Liegen auf dem Boden, auf Treppen und in Zugängen

▐ Wegwerfen von Abfällen, Zigarettenkippen und Kaugummis außerhalb der vorgesehenen Behälter sowie in den Gleisbereich

▐ Durchsuchen von Abfallbehältern

▐ Feuer, Abbrennen sowie Verwenden von pyrotechnischen Gegenständen

▐ Rauchen sowie die Benutzung elektrischer Zigaretten außerhalb der gekennzeichneten Raucherbereiche

▐ Betteln und Belästigen von Personen

▐ Übermäßiger Alkoholkonsum

▐ Handel mit und Konsum von Drogen und Betäubungsmitteln

▐ Mitführen von metallbeschichteten Luftballons (Lebensgefahr aufgrund der stromführenden Oberleitungen!)

▐ Lautes Abspielen von Tonträgern

▐ Füttern von Vögeln

▐ Mitnahme von Kofferkulis aus dem Bahnhofsbereich heraus

▐ Einsatz von Stativen und Beleuchtungstechniken

Folgendes ist nur nach vorheriger Genehmigung durch das Bahnhofsmanagement gestattet:

▐ Durchführen von Werbemaßnahmen (z.B. Verteilen von Produkten, Warenproben oder Prospekten)

▐ Anbringen von Plakaten und Aushängen

▐ Verkaufen und Verteilen von Waren und Ähnlichem

▐ Live-Musik, Auftritte, Veranstaltungen

▐ Gewerbliche Foto-, Film- und Fernsehaufnahmen

▐ Durchführen von Befragungen, Sammelaktionen

▐ Verteilen von Flugblättern, Handzetteln und Ähnlichem auf Bahnsteigen und Zugängen zu den Bahnsteigen (Über- und Unterführungen, Treppen, Fahrtreppen, Aufzüge)

▐ Öffentliche Versammlungen und Aufzüge auf Bahnsteigen und Zugängen zu den Bahnsteigen (Über- und Unterführungen, Treppen, Fahrtreppen, Aufzüge) müssen bei der zuständigen Behörde gemäß Versammlungsgesetz angemeldet werden und sind darüber hinaus nur nach vorheriger Genehmigung durch das Bahnhofsmanagement gestattet.

Eine vorherige Anzeige an das Bahnhofsmanagement ist erforderlich für:

▐ Verteilen von Flugblättern, Handzetteln und Ähnlichem in den oben nicht benannten, übrigen Bereichen des Bahnhofs

▐ Öffentliche Versammlungen und Aufzüge in den oben nicht benannten, übrigen Bereichen des Bahnhofs müssen bei der zuständigen Behörde gemäß Versammlungsgesetz angemeldet werden und sind darüber hinaus dem Bahnhofsmanagement vorher anzuzeigen.

Hunde sind im Bahnhof und auf den Vorplätzen angeleint zu führen.

▐ Hunde mit gesteigerter Aggressivität oder Gefährlichkeit müssen darüber hinaus einen geeigneten Maulkorb tragen.

Beachten Sie:

▐ Halten Sie am Bahnsteig immer ausreichend Abstand zum Gleis.

▐ Achten Sie auf Markierungen auf den Bahnsteigen und auf Warnschilder.

▐ Treten Sie erst nach Halt eines Zuges an die Bahnsteigkante heran.

▐ Sichern Sie auf dem Bahnsteig mitgeführtes Gepäck und/oder Kinderwagen gegen Wegrollen.

▐ Drängeln Sie nicht beim Einsteigen.

▐ Gehen Sie auf Treppen immer möglichst weit rechts; auf Fahrtreppen rechts stehen.

▐ Die Benutzung von Fahrtreppen mit schwerem/sperrigem Gepäck und/oder Kinderwagen sowie Zweirädern ist, wegen des hohen Unfallrisikos, zu unterlassen.

Diese Hausordnung gilt auf dem gesamten Gelände der Deutschen Bahn.

Festgestellte Verstöße gegen die Hausordnung führen zu Hausverweis, Hausverbot, Strafverfolgung und/oder Schadensersatzforderungen.

Den Anordnungen unserer Mitarbeiterinnen und Mitarbeiter und der von uns zur Durchsetzung des Hausrechts beauftragten Unternehmen ist Folge zu leisten.

Für absichtlich herbeigeführte Verschmutzungen stellen wir, für die entstandenen Reinigungskosten, ein Bearbeitungsentgelt (mindestens 40 EUR) in Rechnung. Dies gilt auch für Verschmutzungen durch Hunde.

Wir wünschen Ihnen einen angenehmen Aufenthalt und eine gute Reise.

VPS09007O1 Stand 01/2015

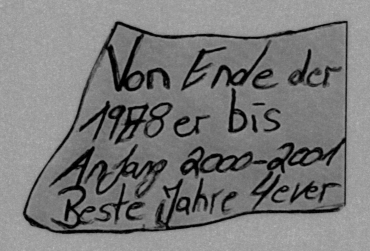

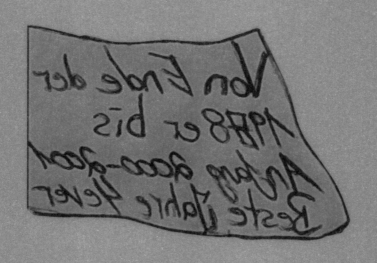

GeMeiNSaM siND
wir StARK

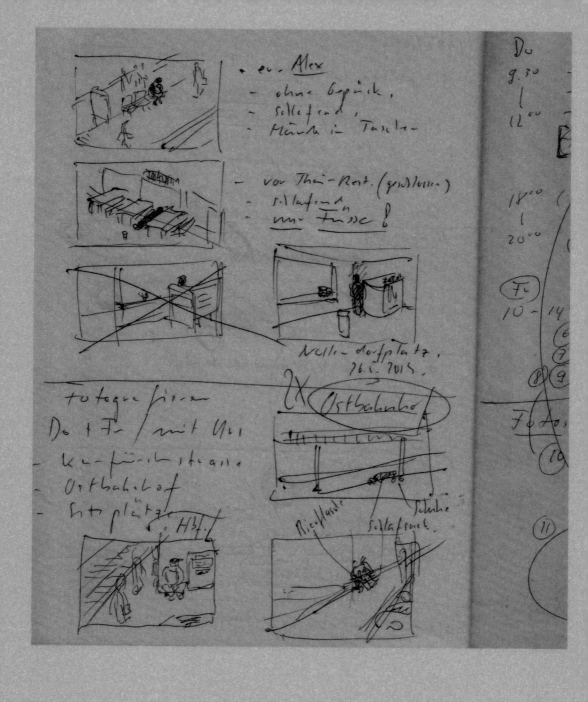

- ev. **Alex**
  - ohne Gepäck,
  - schlafend,
  - Mensch in Tasche

- vor Thai-Rest. (geschlossen)
  - schlafend
  - um Füsse!

Nollendorfplatz.
26.5. 2015.

fotografieren
Do + Fr / mit Uhu
- Kurfürstenstrasse
- Ostbahnhof
- Sitzplätze

2x Ostbahnhof

Bierflasche   Schuhe
Schlafsack

Hbf.

Do
9.30
|
12.00

18.00
|
20.00

Fr
10 - 14
6
7
8 9

Fotos

10

11

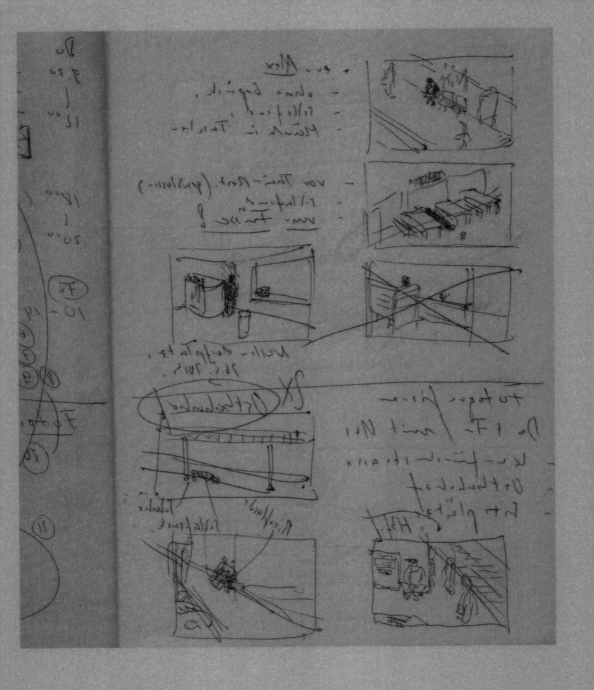

④

Bhf. Zoo (22.5)

öv, 22.5.

Bahnhof Zoo, 23.5.

- Simulacrum ??

4 mitten din, und

180°CH

Arbeit ⟨Bahnhof

- Bettelsituc
  zu verst.

- in Map

- Alle mö

→ zeigt

→ Realität u. F
d. Orte sind
Halt / Geh
Zeit, Raum
Zeit

Alles wird gut!

Der Bildessay verwendet Fotografien und
Abbildungen aus den folgenden Serien:

Der Stellvertreter (2018/19)

Ein Fotoprojekt von Jürgen Krusche in Zusammenarbeit
mit dem Schauspieler Urs Stämpfli
Konzept, Idee und Fotografie: Jürgen Krusche, Zürich
Schauspiel: Urs Stämpfli, Berlin
Aufnahmeorte in Berlin: Bahnhof Zoo, Jannowitzbrücke,
Alexanderplatz, Nollendorfplatz/Kleiststraße, Hackescher Markt,
Ostbahnhof, Rosenthaler Platz/Torstraße, Kottbusser Tor, Fußgän-
gerübergang beim Bahnhof Friedrichstraße, Eingang U-Bahn-Station
Alexanderplatz, U-Bahn-Station Alexanderplatz, Rosenthaler Platz/
Weinbergsweg, U-Bahn-Station Nollendorfplatz
Vorbereitende Skizzen für Der Stellvertreter aus
Feldtagebuch I und II

Orte (Schlafplätze) (2017–2020)

Unterführung Hardenbergstraße beim Bahnhof Zoo, Tiergarten,
Kurfürstenstraße, Joachimsthaler Straße beim Bahnhof Zoo,
Bahndamm im Tiergarten
Arbeitsprozesse (2019/20)

Verschiedene Materialien im Arbeitsraum der ZHdK
Slogans (2018–2021)

Ausschnitte aus Manifest, gefunden 2018 im Tiergarten Berlin,
Autorschaft unbekannt
Einzelfotos

Feldtagebuch I (2018)
Hallöchen (2017)
Hausordnung DB am Ostbahnhof (2020)
Einkaufswagen am Bahnhof Zoo (2019)
Manifest (2018)
Feldtagebuch II (2019)

AYA DOMENIG

MOMENT-AUFNAHMEN UND LEBENS-GESCHICHTEN

Verdrängung aus dem öffentlichen Raum ist meist der letzte und sichtbarste Schritt von Exklusion. Auf Seiten der Betroffenen gehen jedoch vielschichtige, für Außenstehende unsichtbare Prozesse voraus. Dabei spielen die individuellen Hintergründe und Prägungen der Menschen, die von Exklusion betroffen sind oder sich von ihr betroffen fühlen, eine wesentliche Rolle.

In diesem Beitrag werden vier Personen vorgestellt, die jeweils ganz individuelle Erfahrungen mit Exklusion gemacht haben: Josh, der an den großen Bahnhöfen Berlins als Flaschensammler umherzieht, Helga, die seelische Zuflucht findet in einer Siedlung, die aufgrund der hohen Ausländerzahl und wiederholter Polizeirazzien im Brennpunkt steht, Christian, der sich in derselben Siedlung nicht mehr wohlfühlt, weil er sich als Deutscher in der Minderheit sieht, und Omid, ein afghanischer Flüchtling, der im Platzspitzpark von Zürich seine Kollegen trifft und dabei immer auf der Hut sein muss, dass er von der Polizei nicht weggewiesen wird.

Thematisch umfassen die in diesem Beitrag vorgestellten Beispiele ein breites Spektrum: Von gesellschaftlicher Verdrängung, die durch das Ausscheiden aus dem aktiven Arbeitsleben erfolgt und es notwendig macht, sich im öffentlichen Raum anders zu bewegen oder sich neue Nischen zu erschließen (Josh, Helga), über Geflüchtete, die sich täglich mit Situationen des sozialen und räumlichen Ausgeschlossenwerdens sowohl durch die Behörden als auch durch die einheimische Bevölkerung konfrontiert sehen (Omid) bis hin zur Verdrängung von Einheimischen, die sich durch den Zuzug von MigrantInnen an ihrem Wohnort nicht mehr zu Hause fühlen (Christian).

Dabei wird deutlich, dass diese Prozesse von verschiedenen AkteurInnen ganz unterschiedlich wahrgenommen werden und jeweils eng mit den persönlichen Erfahrungen und Biografien zusammenhängen. So präsentiert sich beispielsweise die „Realität" der Düttmannsiedlung für die beiden Deutschen Helga und Christian ganz unterschiedlich.

Ein kurzer Videofilm von fünf bis zehn Minuten Länge steht jeweils am Anfang der nachfolgenden Texte und zeigt Momentaufnahmen der Betroffenen in ihrer gegenwärtigen Situation. In Video-Walks führen uns Josh, Christian, Helga und Omid durch die Orte, an denen sich ihre Verdrängungserfahrungen auf unterschiedliche Weisen kristallisieren. Diese filmischen Momentaufnahmen werden in einem zweiten Schritt durch biografische Erzählungen der Porträtierten ergänzt. Letztere geben Einblick in die Vergangenheit der Betroffenen und zeigen die langen individuellen Wege, die sie schließlich an die Orte geführt haben, an denen wir sie antrafen.

Die Entscheidung, in diesem Beitrag den Lebensgeschichten unserer ProtagonistInnen einen großen Platz einzuräumen, entstand aus der Überzeugung heraus, dass soziale Phänomene sich ohne den Miteinbezug ihrer diachronen Dimensionen kaum erschließen lassen. So spielt auch bei unseren ProtagonistInnen ihre Vergangenheit eine wichtige Rolle für das Verständnis ihrer gegenwärtigen Situation. Während (Auto-)Biografien von berühmten Persönlichkeiten die Regale von Buchhandlungen füllen, bleiben die Lebensgeschichten „gewöhnlicher" BürgerInnen jedoch meist im Verborgenen. Und werden solche Personen zu Objekten wissenschaftlicher Untersuchungen, droht ihnen die Reduktion auf wenige, für das Forschungsthema als relevant erscheinende Merkmale. Einer solchen Reduktion möchte die Autorin dieses Beitrags entgegenwirken und den ProtagonistInnen stattdessen eine Plattform bieten, auf der sie ihre Geschichten ausführlich und mit eigenen Worten erzählen können.

Die hier angewandte Methodik bedingt die aktive Mitarbeit der Zuschauenden/Lesenden. Anstatt definitive Antworten zu liefern und den Fokus ausschließlich auf den Aspekt Verdrängung zu richten, wird in diesem Beitrag vielmehr ein Raum eröffnet, der sich zwischen den filmischen Momentaufnahmen und den Biografien der Porträtierten aufspannt und zu persönlichen Assoziationen einlädt. Welche Rolle Exklusion in den Leben der Porträtierten spielt, erschließt sich manchmal direkt, oft aber zwischen den Zeilen und vor allem vor dem Gesamtbild ihrer individuellen Lebensgeschichten.

Letztere boten für uns Forschende Überraschungen und führten zu Einsichten darüber, mit wie vielen Vorurteilen wir unseren Mitmenschen im Allgemeinen begegnen. Eine Momentaufnahme birgt durch ihre zeitliche und räumliche Begrenztheit eben immer die Gefahr, zu einer Projektionsfläche für eigene Erfahrungen und Überzeugungen zu werden. Ein vertiefender Einblick in die Biografien unserer ProtagonistInnen hat uns hingegen aufgezeigt, wie komplex, ambivalent und widersprüchlich Lebenswege und die sie beschreitenden Menschen sind und wie das Phänomen Verdrängung im Leben vieler Menschen zu unterschiedlichen Zeiten in verschiedenen Ausprägungen eine Rolle spielt. So gibt es auch unter unseren ProtagonistInnen einige, die nicht nur zu einem bestimmten Zeitpunkt in ihrem Leben eine einzige einschneidende Exklusionserfahrung gemacht haben, sondern die seit ihrer frühen Kindheit geradezu einer ganzen Serie von Verdrängungen ausgesetzt waren.

Die vorliegenden Texte basieren auf diversen Gesprächen, die im Verlauf der Forschungsarbeit mit den ProtagonistInnen in Form von Video- und Audiointerviews geführt wurden. Diese wurden von der Autorin zusammengeführt, gekürzt und dramaturgisch verdichtet. Dabei wurde versucht, den jeweils spezifischen Charakter des sprachlichen Ausdrucks möglichst beizubehalten.

Die den Texten zugrundeliegenden Originalinterviews führten Thomas Schärer (Josh, Christian und Helga) und Mehdi Sahebi/Aya Domenig (Omid). Die Erstkontakte zu den ProtagonistInnen im Rahmen einer Vorrecherche in Berlin stellten Julia Weber, Thomas Schärer und Miriam Gautschy her (Josh, Christian und Helga).

„ICH VER-SUCHE, WIE EIN REISENDER ZU WIRKEN."

**Jörg Schwäbisch
Bahnhof Zoo, Berlin**

Ich heiße Jörg Schwäbisch. Geboren 1963. Leben tu ich in Beelitz bei Potsdam. Ja, und aufgewachsen bin ich bis zum vierten Lebensjahr in Beelitz-Vorstadt. Seit 1968 wohne ich in dem Haus, wo ich jetzt immer noch wohne. Ich bin in Beelitz zur Schule gegangen und habe die zehnte Klasse absolviert und dann eine Lehre angefangen, in Seddin und in Potsdam, als Elektriker.

Mein Hauptberufswunsch war, Lokführer zu werden. Doch davon hat mir meine Mutter abgeraten. Ein Lokführer steht aufgrund der Verantwortung immer mit einem Bein im Gefängnis. Aufgrund der vielen Leute, die er zu transportieren hat, und der hohen Tonnage der Fahrzeuge und Gewicht, was hinten dranhängt. Und dann hat sie mir empfohlen, Elektriker zu werden: „Lokführer werden kannste ja immer noch." Und dann gab's das Glück, dass die Starkstrommeisterei Berlin Karlshorst händeringend Leute gesucht hat. Und ich hatte wahrscheinlich als einer der wenigen Kinder in der DDR das Glück, dass von vornherein meine Lehrstelle zu hundert Prozent sicher war.

Es war gut, dass meine Mutter mir geraten hat, Elektriker zu werden. Weil der Elektriker so viele Berufszweige in sich vereint, also Metallbearbeitung, Holzbearbeitung, Maler, Schlosser, Klempner. Mit dem, was ich heute alles kann, ist Elektriker zu werden eine der besten Entscheidungen. Kann ich nur jedem empfehlen.

Also, mein Interesse zur damaligen Zeit war die Eisenbahn. Ich hab dann auch als Kind eine Eisenbahn-Platte geschenkt gekriegt. Und aufgrund dessen, dass in Caputh mein Onkel an dem Templiner See ein Wassergrundstück hatte, haben meine Schwester und ich dann immer auch gerne geangelt und gebadet. Und die Fische, die wir gefangen haben, die haben wir dann auch gegessen.

Nach der zehnten Klasse konnten wir zur Disco gehen. In den Dörfern war ja immer mittwochs, freitags und samstags und sonntags Disco gewesen. Mittwochs und freitags war um 22 Uhr Schluss. Also wenn man das jetzt so sieht im Vergleich zu jetzt … Da gehen die Leute ja erst um 23 Uhr los und machen die Nacht durch.

Ich habe angefangen, Kassetten aufzunehmen. Ich habe die Musik, die ich im Radio gehört habe, tagtäglich aufgenommen. Und dann hatte ich das Glück, dass ich eine Diskothek gefunden habe, die dringend jemanden brauchte, der den Führerschein hatte. Und dadurch bin ich zur Disco gekommen.

Ich habe alles aufgenommen, was in den 80er Jahren in gewesen ist. Da gab es ja auch viele Hitparaden, also vom *SFB*, *RIAS Berlin*, *NDR II*, *NDR Radio Niedersachsen*. Und davon habe ich aufgenommen, weil ich das ja in Stereo zu Hause empfangen konnte. Teilweise *Bayern 3* und teilweise *SWR 1*. *DT 64* war ja der Jugendsender der DDR gewesen, das war nicht interessant, weil

DT 64 die Titel gespielt hat, die ich mindestens schon ein Viertel-
jahr vorher kannte.

Bestimmte Gruppen der BRD durften nicht gespielt werden.
Die Toten Hosen, die *Böhsen Onkelz*. Weil *Die Toten Hosen* waren
eben Punk-Musik, *Böhse Onkelz* dasselbe. Man hat damit gelebt,
weil man ja als normaler Arbeiter keine Einspruchsmöglichkeit gehabt hat. Wenn der Staat so entschieden hat, dann war das so.

Die Wende fing ja im August '89 an, wo dann die Leute nach
Ungarn wollten, weil ja der damalige ungarische Staatspräsident
die Grenze zu Österreich geöffnet hat. Viele, die auf die DDR sowieso nicht gut zu sprechen waren, sind dann nach Ungarn und haben
dann versucht, über die Grenze zu hopsen. Das hat in dem Sinne
diese Zeit da so eingeläutet. Ich war glücklich in der DDR gewesen.
Man hatte hier seine Wohnung, seine Arbeit, die Familie. Warum
soll ich das hier aufgeben, um mit nichts dazustehen? So dumm
kann man ja nicht sein. Und deswegen wär' ich auch nie alleine
nach Ungarn gefahren, um in den Westen abzuhauen.

Seit 1980 war ich arbeitsmäßig in Seddin im Reichsbahn-
ausbesserungswerk. Durch die Wende hat sich bei uns von den
Arbeitskollegen her nichts geändert. Auch als aus der Deutschen
Reichsbahn die Deutsche Bahn AG wurde, hat sich nichts geändert.
Weil es ist ja ein gewachsenes Team und man hat ja genauso wie
vorher gearbeitet, genauso mit dem Ehrgeiz, wie man damals auch
gearbeitet hat. Nur eben die oberen Zehntausend, ja, das sind halt
andere gewesen. Neue Chefs gab es regelmäßig, aber in Größen-
ordnungen über dem Meister. Der Meister blieb immer derselbe.

Von der Familie her: Also, ich habe eine Schwester. Und dann
im späteren Stadium, als mein Vater noch einmal geheiratet hat,
habe ich eine Halbschwester, und ich habe dann 1991 eine Freundin kennengelernt, die dann 1994 meine Frau wurde. 1995 wurde
mein Kind geboren. Aber das Negative an der Sache: Ab 1995, im
Oktober, hat sich dann meine damalige Frau angefangen scheiden
lassen zu wollen.

Zu meiner Ex-Frau habe ich keinen Kontakt. Mein Sohn, der
Konrad, ist jetzt zweiundzwanzig. Und der hat hier in Berlin Infor-
matik studiert. Hier am Bahnhof Zoo. Hat allerdings vor einem Jahr
das Studium abgebrochen. Warum er abgebrochen hat, das weiß ich
nicht. Denn wegen des Lernstoffs kann es nicht gewesen sein.

Was er jetzt machen tut, weiß ich nicht, weil der Kontakt ist
von ihm aus abgerissen.

Ich war dann in Dessau beim paritätischen Sozialwerk,
und aufgrund dessen, dass mein Sohn ja zu dem Zeitpunkt schon
zweiundzwanzig gewesen ist und mehr oder weniger Zeit seines
Lebens psychische Probleme hatte und dreimal in Halle in einer

Nervenklinik war, hab ich dann angeregt, einen Gesprächstermin mit ihm zu finden. Und da er ja nun ein erwachsener Mann ist, sitzt man und wartet man, ob da was passiert. Weil er entscheidet ja, ob er einen Gesprächstermin will oder nicht. Man macht sich ja Sorgen um sein Kind und man möchte ja gerne was wissen, aber wenn man nichts erfährt, kann man ihn ja nicht zwingen, zu reden. Das ist ja freier Wille und da kann man nur sitzen und warten, bis er dann den Mund mal öffnet. Die Adresse weiß ich. Das ist kein Problem. Aber ich treffe ihn gar nie. In dem Sinne ist es nur eine Erinnerung, die man hat. Man kann nur sitzen und warten.

Er wohnt bei seiner Mutter. In dem Sinne macht er dasselbe wie ich. Ich koche für meine Mutter, und meine Mutter isst. Bei ihm ist das halt immer noch so, dass die Mutter kocht und er isst.

Meine Mutter ist schon wichtig für mich, sie ist ja auch in dem Sinne ein bisschen Bezugsperson, dadurch bin ich nicht ganz alleine. Und meine Mutter ist ja auch bei der Bahn gewesen und als Maler dort tätig. Ja, und man isst zusammen und ich lebe im gleichen Haus, aber nicht in der gleichen Wohnung mit meiner Mutter.

Meine Kumpels sind halt noch wichtig, und die Verwandtschaft ist auch wichtig. Ja, und dann die Freundin. Meine jetzige Freundin habe ich 2011 übers Internet kennengelernt. Und dann hat man angefangen zu schreiben und weiterzuschreiben, ja, und dann hat sich die Verbindung vertieft, und dann bin ich hingefahren und sie ist auch hierhergekommen, um den Kontakt weiter zu pflegen.

Sie wohnt in Košice. Und das Mädel studiert noch, und die wird jetzt im Mai, Juni fertig. Und ich hab sie dann eingeladen, hierher nach Deutschland zu kommen. Weil hier in Deutschland hat sie die besseren Möglichkeiten, arbeitstechnisch. Weil, es gibt ja hier in Deutschland auch Firmen, wo die Standardsprache Englisch ist. Sie kann fließend Englisch.

Ab Dezember 2013 sind gesundheitliche Probleme bei mir aufgetaucht. Obwohl ich ja auch schon früher gesundheitliche Probleme hatte, aber das Große war eben ab Dezember 2013. Die MS. Krabbeln in den Füssen, hoch bis in die Beine, das Gleichgewicht und Krabbeln bis über dem Bauchnabel, der Körper und die halbe Gesichtshälfte. Das kam auf einen Schlag, und ich bin dann zum Arzt gegangen und habe noch eine Überweisung gekriegt, erst zum Orthopäden, und dann habe ich den ersten Krankenhausaufenthalt gehabt und da wurde es richtig festgestellt, dass es MS ist. Das ist die Krankheit der tausend Gesichter. Ich habe das Glück, dass ich nicht in Regenbogenfarben sehe. Dass ich ganz normal sehen tue, hören tue. Das einzigste, was ich das Problem habe, jetzt zur Zeit, ist das Kribbeln, und das ist eine Sache, die behandelt werden muss und auch behandelt wird. Zu besiegen ist die MS nicht, weil die ist in dem Sinne unheilbar. Nur, um das Lebensgefühl ein bisschen zu verbessern, wird sie behandelt.

Ich bin ja in dem Sinne Arbeiter und meine Beschäftigung war die Weichenheizung, Gleisfeldbeleuchtung, die technischen Anlagen, Krananlagen ... Na ja, und das Ganze muss ja dann in Abständen auf Sicherheit geprüft werden. Du hast dann natürlich auch große Aufträge, gerade am Bahnhof Seddin, wenn du jetzt Gleisfeldbeleuchtung prüfen sollst. Den halben Bahnhof oder sowas, wo du 200 Leuchten hast.

Ich kriege jetzt das normale Gehalt, aber ohne „Erschwernisse" und ohne „Bereitschaft". Weil der Bahnarzt hat mich „nicht gleistauglich" geschrieben und solange der Zustand noch ist, weigern sie sich, mich zu beschäftigen. Obwohl es so viele Tätigkeiten gibt, bei DB-Netz, wo ich keine Gleistauglichkeit brauche.

In der DDR hatten wir das Recht und die Pflicht auf Arbeit. Und wir haben sicherer gelebt, weil das Geld hat immer gereicht. Weil es war nicht so wie jetzt, dass du eine halbe Stunde brauchst, als Beispiel, und alles ist weg. Und der nächste 25. ist in vier Wochen. Und dann soll ich ja Unterhalt zahlen, weil ich auch ein Kind habe. Und meiner Partnerin, weil sie studiert. Deswegen leiste ich ihr Unterhalt. Damit sie das Studium zu Ende bringen kann.

Flaschensammeln tu ich seit 2015. Vor meiner Krankheit hab ich das gar nicht gemacht. Weil man hat ja auch gar nicht die Zeit dazu gehabt. War ja von 6 bis 15 Uhr arbeiten. Aufgrund der Krankheit musste ich dann zu Hause sein, und da war dann die Möglichkeit gewesen, das mal zu testen.

Sammeln tu ich, wenn nichts anderes mehr geht, ein-, zweimal die Woche. Wenn keine andere Möglichkeit sich erschließt und es dann dringendst notwendig wird, dann mach ich das. Ich renne hier nicht täglich umher. Nur wenn das Geld mal so knapp ist, dass es mir dann den Moment weiterhilft.

Es gibt Mindestlöhne bei der Bahn, aber was bei mir in dem Sinne eben fehlen tut, ist, dass ich keine „Bereitschaft" machen kann. Und die „Erschwernisse", die mir fehlen.

Es lohnt sich, von Seddin nach Berlin zu kommen, um Flaschen zu sammeln, weil ich für die Bahn nur sehr wenig bezahlen muss. Ich fahr dann zurück zu Bahnhof Friedrichstrasse und geb' die Flaschen bei Edeka ab.

Die normalen Bierflaschen, die haben 8 Cent, und Coca Cola, Fanta, Sprite, die haben 15 Cent die Flasche und die restlichen, wo das Etikett drauf ist, die sind 25 Cent.

Aufpassen muss ich natürlich schon ein bisschen auf die DB-Sicherheit. Die sind ja in dem Sinne die Ordnungsmacht hier, und das muss ich nicht unbedingt haben, von denen angesprochen zu werden. Wenn die Bahnpolizei auftaucht, dann lass ich das Flaschensammeln natürlich sein, weil ich muss das nicht haben, dass ich von denen angesprochen werde: „Zeigen sie mal ihren Ausweis."

Hausordnungen hängen zwar überall umher, ich weiß aber auch, dass es so richtig verboten nicht werden kann, weil die Flaschen und Büchsen werden ja dem Kreislauf des Staates wieder zugeführt. Und daher gibt es in meinen Augen nur eine bedingte Verbotbarkeit.

Die DB-Sicherheit sieht das nicht so gerne, weil es sind ja eigentlich die Obdachlosen, Arbeitslosen und wie sie so alle heißen, die das machen, und sich gegenseitig auf den Keks gehen und von sowas halte ich mich auch fern. Ich war einmal hier und da war so eine Frau gewesen mit so einem normalen Einkaufswagen, und die hat dann angefangen die Leute zu belöffeln: „Nun gehen sie mal weg hier, hier ist mein Bereich!" In Berlin, die streiten sich um so ein Viereck (*zeigt auf den Fußboden*). „Das ist mein Platz. Und wehe da kommt ein anderer her!" Obwohl sie überhaupt kein Recht haben, da irgendwas zu sagen.

Es gibt ja in Berlin so viele Menschen, die sowas machen, und wenn man dann mit so einem kleinen Einkaufsbeutel daherkommt, und andere kommen mit riesengroßen Säcken an, das ist dann doch schon sehr professionell. Und wenn da jemand mit so 'nem 5-Liter-Sack oder 100-Liter-Sack ankommen tut, da stellt sich mir das Rätsel: „Wie wollen die das in ein paar Stunden realisiert gekriegt haben?" Weil das ist eigentlich für mich persönlich nicht realisierbar. Wenn ich zwei Einkaufstaschen in zwei oder drei Stunden vollgefangen habe, dann bin ich zufrieden.

„DIE SITZEN NICHT ALLEINE VOR DEM FERN- SEHER WIE WIR."

Christian Sarkowski
Düttmannsiedlung, Berlin

Also, ich bin geboren in Himmelsthür, das ist bei Hildesheim, in einer Art Kloster für ledige, minderjährige Mütter. Also, meine Mutter war siebzehn und war nicht verheiratet, aber schwanger. Und früher war das dann halt anscheinend so, da wurde sie von zu Hause weggeholt und dahin verfrachtet, bis sie volljährig war. Aber dann hat mein Vater sie nach einem Jahr zurückgeholt und geheiratet.

Die frühsten Erinnerungen ... Da haben wir hinten am Schlesischen Tor gewohnt, Kreuzberg 36 hieß das früher. Also, meine Mutter war siebzehn und ein Jahr fast in diesem Klosterding da gewesen und dann haben sie da die erste Wohnung gehabt. Da kann ich mich so halbwegs dran erinnern. Also eigentlich bin ich bis dreißig nie aus Kreuzberg weg. Dann habe ich mal ein paar Jahre in Neukölln gewohnt. Und jetzt bin ich wieder in Kreuzberg. Das ist mein Bezirk.

Ich hab Einzelhandelskaufmann gelernt. Erst lernst du zwei Jahre Verkäufer und dann den Bürokram das dritte Jahr. Wo ich damit fertig war, bin ich dann zu VW gegangen. Da hab ich bei VW im Ersatzteillager gearbeitet. Zum Schluss war ich dann Teile-Dienstleiter, der ist dann für die Beschaffung und die Ordnung im Ersatzteillager zuständig. Und irgendwann wollten meine Mutter und mein Vater den Kiosk hier nicht mehr machen, und dann hab ich so ein halbes Jahr lang überlegt und dann hab ich gedacht: „Ach, probierst das mal." Das war 2002, 2003 irgendwann.

Wir hatten hier auch noch eine Kneipe. Meine Mutter hat in der Kneipe gearbeitet und mein Vater hat den Zeitungsladen gemacht. Davor hatte das jemand gemacht, der hat das Ding selber gebaut. Das war deutsche Wertarbeit. Also fünfzig Jahre steht der Kiosk bestimmt schon hier und hat sich nicht groß verändert.

Natürlich hast du früher erheblich mehr Zeitungen verkauft. Das ist ja heute nicht mehr so. Musst schon sehen heute, dass du das mit Telefonkarten, Getränken und so ein bisschen forcierst, aber reich werde ich sowieso nicht mehr.

Am Anfang war es einfach der Gedanke, dass ich keinen mehr haben wollte, der mir irgendetwas vorschreiben kann. Weil wer mal bei VW gearbeitet hat, der weiß, dass da eine Menge Ahnungslose rumlaufen, die also wirklich meinen, die müssten allen anderen irgendwelchen Unsinn vorschreiben. Das ist schon ziemlich anstrengend da. Vom Kopf her. Und hier kann ich machen, was ich will, hab 'ne Menge nette Kunden, das ist alles locker. Ich kann eigentlich theoretisch tun und lassen, was ich möchte.

Ich bin das zweite Mal verheiratet. Ich hab' eine Ex-Frau und zwei Kinder. Mein Sohn ist zweiundzwanzig. Der ist bei der Polizei. Und meine Tochter ist zweiunddreißig, die arbeitet in der

Reisebranche. Die verkauft so ganz teure Reisen. Die ist eigentlich nie in Berlin, die ist immer unterwegs.

Meine Tochter ist inzwischen auch verheiratet, mein Sohn weiß ich nicht, wann der mal, aber ich glaube nicht. Er hat keinen Bock. Ja, und jetzt bin ich mit einer anderen Frau verheiratet, die hat auch einen Sohn. Aber wir leben jetzt alleine. Die geht natürlich arbeiten, ich bin hier beim Kiosk. Ganz normal halt. Nix Besonderes.

Meine zweite Frau ist bei Renault. In einer, wie soll man sagen … Sie ist vorne, da wo sie die Autos entgegennehmen oder die Kunden. Manchmal arbeitet sie auch hier im Kiosk, wenn ich mal etwas erledigen muss oder wohin muss. Macht sie schon. Meistens sitzt sie dann in der Ecke und strickt oder so.

Neben der Arbeit war Fußball immer mein Hauptinteresse. Ich hatte schon mit fünf oder sechs Jahren im Verein angefangen, Fußball zu spielen, und das letzte Spiel hab ich dann gemacht, glaub ich, wo ich zweiundfünfzig war oder so. Da hab ich das letzte Mal selber gespielt. Da war ich aber schon Jugendtrainer. Hab so eine Jugendmannschaft trainiert, zwölf Jahre lang.

Fußballer zu werden war mein Traumberuf, wie bei jedem Jungen. Aber ich bin da relativ realistisch. Das habe ich relativ früh abgehakt. Weil selbst bei mir in der Mannschaft Spieler waren, die besser waren. Und dann kannst du das nicht schaffen. Ich hab jetzt auch im Nachhinein bei der Jugend gesehen, wie schwer das ist, überhaupt irgendwie weiterzukommen. Weil Fußball ist nicht leicht. Ich habe einen Jugendspieler gehabt, der hat bei Red Bull Leipzig gespielt, der ist deutscher Vizemeister mit der A-Jugend geworden, hat's aber auch nicht geschafft. Nix Profi.

Jetzt arbeite ich nicht mehr als Trainer. Vor vier Jahren hab ich aufgehört. Ich hatte eine Mannschaft übernommen, eigentlich nur, weil mein Sohn da gespielt hat, als er ganz klein war. Und der Trainer hat mir nicht gefallen. Ich fand, der war blöd. Und das habe ich ihm dann auch mehr oder weniger so gesagt, dass er das nicht besonders gut macht. Der hat dann zu mir gesagt, ob ich es denn besser könne. Und da habe ich gesagt, schlechter geht's wohl nicht mehr. Na ja, das ist ein guter Freund jetzt von mir. Also, der war nicht beleidigt oder so. Und da habe ich die Mannschaft übernommen, bis sie in den Männerbereich gekommen sind. Und dann war Schluss. Das war in Neukölln. Ich hab da extra kein Geld genommen. Weil das macht dich abhängig. Und ich wollte ja nicht abhängig sein. Ich wollte das wirklich, weil ich Freude daran hatte, machen. Wenn du Geld nimmst, wirst du abhängig.

Ich hatte mal gezählt, in einem Jahr hatte ich sieben Nationen in der Mannschaft. Das ist wirklich Multikulti gewesen. Also, da war aus Ghana, aus Sierra Leone, Libanon, Deutschland, weiß ich was alles dabei. Also sehr gemischt, aber dadurch natürlich auch ganz interessant. War eine gute Mischung irgendwie. Das hat gut geklappt. Über Jahre. Wobei je älter sie wurden, desto schwieriger wurde es dann.

Die konnten alle Deutsch. Ich glaube, bis auf ganz wenige sind die alle hier geboren gewesen. Ich glaube mindestens die Hälfte dieser Mannschaft, obwohl sie aus diesen Problemkiezen kamen, ist später aufs Gymnasium gegangen. Das waren keine dummen Jungs. Es war manchmal ein Querkopf dabei über die Jahre, aber die meisten von denen, die konnten perfekt Deutsch. Die haben selbst in der Kabine untereinander Deutsch gesprochen. Also wenn sich da beispielsweise zwei aus dem Libanon unterhalten haben, dann haben die Deutsch gesprochen. Also war schon ganz okay.

Meine Frau ist Ukrainerin. Ich hab da keine Vorurteile. Es ist eben nur, wie der Mensch an sich ist. Da gibt es natürlich grobe Unterschiede. Das merkst du gerade beim Fußball. Und erstaunlicherweise, wenn du die dann wirklich kennst, dann sind die oft, wie soll man sagen, gastfreundlicher oder eben netter als die meisten Deutschen. Ich hab gerade so ein Erlebnis vor drei oder vier Wochen gehabt. Da steht auf einmal hier vor dem Kiosk ein Mann, ich schau ihn an und denke, den kennst du doch. Araber. Das war der Vater von zwei Spielern von mir. Der ist hierhergekommen und hat mir eine Einladung zur Hochzeit von seinem Sohn gebracht. Ich glaub, den hab ich sechs oder sieben Jahre nicht gesehen. Bin hingefahren und hab mir das angesehen. Wahnsinn. Ist ein Erlebnis. Erstmal waren da, ich weiß nicht wie viel, aber da waren bestimmt 2000 Leute oder so. Ja, da waren richtig zwei Großfamilien. Wo ich dahin kam, habe ich gedacht: „Pah, was ist das denn?" Ist der Wahnsinn. Das einzige: Für mich war's zu laut. Die Musik und alles war mir echt zu laut. Aber sonst war ... War schon toll. Und da waren bestimmt acht oder neun Spieler von mir, die ich früher als Spieler hatte. Die waren alle da, weil sie noch befreundet sind untereinander. War schon ganz lustig. War ein tolles Erlebnis. Also ist schon ein bisschen anders wie bei uns. Ist ein bisschen prunkvoller und eben von allem ein bisschen mehr. Ja, ist wirklich so. War schon klasse. Und das Brautpaar selber ... Ist wirklich so, wie man sich Tausendundeine Nacht so vorstellt. Weißt du? Wenn die da reinkommen, mit den Musikern, die da um die rumtanzen und so, das ist schon nicht schlecht gewesen. Aber ich fand's so toll, dass der nach den ganzen Jahren seinen Vater herschickt ... Also, da freut man sich drüber. Sagen wir es mal so. Haben mich nicht vergessen (*lacht*).

Ich wohne seit fünfzehn Jahren oder so in der Düttmannsiedlung. Bin ja extra wegen dem Kiosk dahingezogen. Hier in der Gegend hat man schwer eine Wohnung gekriegt. Und auch heute noch ist es nicht einfach. Die Düttmannsiedlung ist so ziemlich das einzige, wo ab und zu noch 'ne Wohnung frei ist. Diese ganzen anderen Häuser hier, da kriegst du keine Wohnung, da hast du keine Chance.

Mit der Vielfalt in unserer Nachbarschaft geht meine Frau aber schlecht um. Die ist stocksauer. Die ist nur am Rummeckern. Das geht mir manchmal ganz schön auf den Geist. Ich sag immer zu ihr, sie ist ein Nazi (*lacht*).

Manchmal sag ich dann auch, dass ich's nicht mehr hören kann. Ich sage: „Du bist doch selber eine Ausländerin." Ja, die sagt: „Diese blöden Ausländer!" Dann sag ich: „Sag mal, geht's noch?"

Von meinen positiven Erlebnissen mit Ausländern, mit der Hochzeit und so, das hab ich ihr auch probiert zu erklären, aber das sieht sie nicht ganz so. Also sie ist da eben völlig anders. Das ist ja immer das Komische: Die, die am wenigsten Erfahrungen damit haben, die meckern am meisten rum. Ich könnt auch so viele negative Sachen über Ausländer erzählen. Ich hab auch Messerstechereien auf dem Fußballplatz gesehen. Aber diese ganzen Jahre, wo ich diese Jugendmannschaft trainiert habe, war das meiste positiv. Und da kann ich doch nicht alles ins Negative reden. Das mach ich nicht. Und sie hat eigentlich gar keine Erfahrung richtig damit und ist nur am Rumsingen: „Die sind laut", „Die sind dies, die sind das." Sag ich: „Ist ja richtig, aber ... und nu? Das ist nun mal so."

Sie fühlt sich gestört, naja, vom gleichen, was mich eigentlich auch stört, aber bei mir ist das eben so, dass ich nicht jedes Mal ausflippe. Die sind halt von Natur aus sehr laut. Also, so laut streiten wir uns nicht, wie die sich unterhalten. Und dann haben sie natürlich teilweise auch so Angewohnheiten, dass sie alles eben einfach wegschmeißen. Egal, wo sie sind oder stehen. Aber so ist das bei denen. Kann man sich mal kurz drüber ärgern, aber muss ich mich ja nicht den ganzen Tag drüber ärgern. Ist ja Quatsch. Und sie ärgert sich da den ganzen Tag drüber. Ihr Problem (*lacht*). Nicht meins.

Ja, und wie gesagt, das Verhältnis stimmt da in der Siedlung halt einfach nicht mehr. Es kommen immer mehr arabische. Das ist ja bei denen so, dass sie am liebsten alle in einem Haus wohnen, wenn's geht. Das ist bei denen alles noch, wie soll man sagen, es ist noch familiärer als bei uns Deutschen. Wir sind froh, wenn wir mal von unserer Familie ein Stück weg sind, das ist bei denen nicht. Und dadurch werden es immer mehr.

Was meine Zukunft angeht, da hab ich keinen Plan. Ehrlich nicht. Keinen Plan. Ich will darüber auch gar nicht nachdenken. Ich schieb das einfach von mir weg. Da hab ich keinen Bock drauf. Ich lebe im Moment, einfach so in den Tag hinein, weil mir das so, wie es ist, gefällt. Von so was kriegst du schlechte Laune, wenn du drüber nachdenkst, was in zehn Jahren ist. Das will ich doch gar nicht wissen. Ich sag immer: Weiß ich, ob ich dann noch lebe? Oder werde ich morgen überfahren? Also genieß ich das jetzt, so wie es jetzt ist und nehm die Annehmlichkeiten so gut wie es geht. Im Rahmen, klar, du kannst jetzt nicht machen, was du willst. Du musst ein bisschen darauf achten, dass du auch immer schön deine Miete bezahlen kannst und so. Aber alles andere, mein Gott. Wie's kommt, kommt's. Jetzt freu ich mich erst mal nur, dass Sonnabend ist, morgen gehe ich nicht arbeiten, ist doch schön (*lacht*). Bombenwetter. Vielleicht fahre ich an den See morgen, mal sehen. Naja, was willst du noch machen? Deswegen hab ich das höchstwahrscheinlich mit dem Kiosk gemacht. Weil dieses ewige „Ich muss, ich muss, ich muss ...“ Ich muss gar nichts! Was muss ich denn? Muss einfach probieren, so gut wie möglich zu leben. Dann muss ich sonst gar nichts machen. Alles andere ergibt sich. Und dann habe ich noch eine Sache, die ich mir sage: Es gibt so viele Menschen, denen es richtig schlecht geht und wenn es mir jetzt mal nicht ganz so gut geht, dann überleg mal, wie es demjenigen geht, der da mit dem Rollstuhl langfährt oder der Krebs hat, und dann sag ich mir wieder, die paar Probleme, also Kleinigkeiten, also kann man irgendwie doch erledigen. Wenn einer Krebs hat oder im Rollstuhl sitzt, der kann das nicht mehr erledigen. So muss man, glaube ich, an die Sache rangehen. So wie der (*zeigt zu einem Mann, der gerade herumgeschrien hat*). Guck mal, der hat einfach nur schlechte Laune. Was hat er jetzt davon? So, jetzt hat er die angebrüllt, und was hat er davon? Nichts. Er hat sich aufgeregt, sein Blutdruck ist höchstwahrscheinlich hochgegangen, bei der Hitze noch besonders schlimm. Ne, muss ich doch nicht. Für was denn? Eine Frau hat mir gesagt, ich würde in mir selber ruhen. Fand ich ganz gut. Hat mir gefallen.

„GERADE JETZT ERST RECHT!"

Helga Hartmann
Düttmannsiedlung, Berlin

Ich bin in Frankfurt geboren. Ich bin dann so fünfundzwanzig Kilometer vor Frankfurt erst mal nach Wiesbaden in ein Kinderheim gekommen für Kleinkinder. Dann war ich kurz in einer Pflegefamilie. Dann hat man mich da weggenommen, weil wohl meine richtige Mutter angeblich gesagt hat, sie will nicht, dass ich zu der Frau da Mutter sage. Dann bin ich wieder in ein anderes Kinderheim nach Eschborn verlegt worden. Und dann bin ich einmal quer durch ganz Deutschland, in verschiedene Heime. Ich habe zehn Heime durch und elf Pflegestellen. Und überall ging es nicht gut, weil ich immer das Gefühl hatte, wenn mich meine eigene Familie nicht erziehen will, dann dürfen auch die anderen mich nicht erziehen. Und vor allem: Ich fand das schlimm, dass andere für mich Verantwortung übernommen haben und meine leibliche Familie nicht. Und deswegen war ich halt selber auch sehr schwierig. Und dadurch wurde ich halt auch viel verlegt. Man kann nicht immer sagen, alle anderen sind schuld. Nein, ich hatte da schon auch viel beigewirkt.

Naja, gut. Für mich war das kein Problem, ohne Eltern aufzuwachsen. Bis zu dem Zeitpunkt, wo andere Kinder abgeholt worden sind und ich dann gemerkt hab, Mensch, irgendwas stimmt nicht. Da war ich ungefähr fünf, und dann bin ich ziemlich unfreundlich den Kindern gegenüber geworden, weil die abgeholt wurden. Und dann fiel mir halt das Ding ein: „Okay, ihr kommt ja Samstagabend wieder und dann heult ihr." Oder Sonntagabend auch. Je nachdem, wie lang die Eltern für die Kinder Zeit hatten. Und dann konnte ich sie auch immer wieder necken. So nach dem Motto: „Hähä, am Sonntag heult ihr wieder. Und ich heul halt jetzt." Und das gab dann halt auch immer diese Rangeleien und so.

Ich wurde von Deutschland in eine Entschädigung mit reingenommen. Ich bin eins von diesen 800 000 Kindern, die in den Heimen gequält worden sind. Und man hat uns ja damals nicht geglaubt. Und dann haben einige unserer älteren Mitbewohner der Heime am runden Tisch dann doch durchgesetzt, dass das jetzt mal öffentlich gemacht wird.

Meine Behinderungen waren ja jetzt nicht nur körperlich, sondern eben auch psychisch. Und es gibt Lebensphasen, an die ich gar keine Erinnerung habe. Da weiß ich noch nicht mal, war ich auf der Welt oder nicht. Zum Beispiel, so ungefähr wie ich drei war – das hab ich so im Ohr, das muss in der Klinik gewesen sein – wo irgendein Mediziner meinte: „Die lebt nicht mehr lange." Und dann hab ich so innerlich gedacht: „Doch. Gerade jetzt erst recht!" Und tatsächlich kam ich dann wieder zu Bewusstsein.

Dann war ich plötzlich in irgendwelchen psychiatrischen Kinderheimen, wo die halt auch mit Medikamenten ... Also, ich war mit vierzehn schon so in den Morphinen drin, von meinen ganzen psychischen und schmerzlichen Zuständen, auch weil ich ja nicht gerade gesund zur Welt gekommen bin.

Ich war jahrelang in diesen deutschen Psychiatrien. Unter schweren Medikamenten. Hätten die alles gar nicht machen dürfen, wurde über meinen Kopf hinweg gemacht. Also, meine Eierstöcke wurden einfach gekappt, dass ich keine Kinder kriege, ja, weil die nicht wollten, dass ich noch Kinder in die Welt setze, damit der Staat nicht nochmal zahlen muss oder so. Aber so kann man doch nicht mit Menschen umgehen. Und das im 21. Jahrhundert. Da frage ich mich: „Wo geht's mit uns hin?"

Schule hatte ich kaum, weil ich viel in Krankenhäusern rumgeflogen bin. Und vieles, was ich an Bildung oder so mitgekriegt habe, hab ich mir selbst zugeeignet. Schreiben und lesen kann ich heute noch nicht richtig, aber ich lasse mich deswegen nicht demotivieren oder entmutigen, sondern ich bin so ein Typ, der einfach sagt: „Na gut, schreibe ich halt falsch. Hauptsache, man versteht's!" Diese positive Lebenseinstellung, die war eigentlich immer da. Auch wenn die uns misshandelt haben, ich war immer irgendwie auf dem Level fröhlich, lustig, Spaß haben und das Leben nicht so ernst nehmen. Das heißt nicht, dass ich nicht heule. Ich heul manchmal Rotz und Wasser, ja, aber das genieße ich genauso, wie wenn ich jetzt hier fröhlich rumrenne.

Ich habe Hauswirtschaftsgehilfin gelernt. Das war meine erste Lehre. Die hat man mir empfohlen, weil ich ja auch keine richtige Schulausbildung hatte. Dann hat man mir gesagt: „Damit du Hauptsache irgendwas in der Tasche hast." Da habe ich gesagt, okay, mach ich. Aber das waren wirklich schwierige Zeiten. Meine Ausbildnerin, die hat sehr gelitten unter mir. Und der bin ich wirklich dankbar, dass die mich durchgetragen hat. Und ich muss wirklich sagen, wenn die nicht gewesen wäre, ich hätte die Prüfung nie bestanden. Und ich weiß bis heute noch nicht, ob ich überhaupt bestanden habe. Weil ich bin am selben Tag nach der Prüfung in das Haus, hab meinen Koffer gepackt, bin auf die Straße, hab niemandem da Tschüss gesagt. Zwei Tage zuvor wurde ich gerade einundzwanzig, und ich wollte unbedingt aus dem Heim raus.

Ich bin einfach auf die Straße, war obdachlos, hab einfach Leute in Anzügen angequatscht, ob ich bei ihnen als Hausmädchen arbeiten darf. Die Schule war um 13 Uhr aus. Und abends um 17 Uhr läuft mir tatsächlich ein Geschäftsmann über den Weg, der hat Layout-Sachen und so was bei sich privat zu Hause gemacht. Und ich frag ihn: „Ja, wie sieht's denn aus? Ich weiß nicht, ob ich meine Prüfung bestanden habe. Ich weiß nicht, wann ich da das Okay kriege. Ich weiß gar nichts. Aber ich habe nichts zum

Übernachten und gar nichts. Ich muss irgendwo hin." Und da sagte er: „Okay, du kannst bei mir anfangen." Und so naiv, wie ich war, bin ich gleich mit. Ich habe kein Gehalt gekriegt. Ich habe zwei Jahre voll gearbeitet bei dem. Aber wenn ich irgendwas brauchte, hat er mir das sofort besorgt. Ja, und dann hat er leider das Problem gekriegt mit diesen Händlern, die dann für die Bücher, für das Material Geld wollten. Das hat er immer nicht bezahlt. Und dann wurde er halt gerichtlich verklagt. Und ich wurde wieder arbeitslos. Und dann bin ich halt zum Arbeitsamt. Und irgendwann kam ich dann hierher nach Berlin, weil ich von dem Arbeitsamt nichts vermittelt gekriegt hab. Weil ich war ja nicht vermittelbar. Ich hatte ja keine Papiere von der Ausbildung, gar nichts. Und dann habe ich mich an die Autobahn gestellt und hab gesagt, das erste Auto, was ich erwische, da fahr ich mit. Ich hatte ja von Weltkunde und sowas null Ahnung. Kommt da ein Berliner angefahren und ich quatsche den an: „Fahren sie nach Belgien?" Ich hab das „B" für „Belgien" gehalten. Und dann sagt er zu mir: „Wo kommst denn du her?" Dann sag ich: „Na aus Nürnberg, siehst du doch. Steh doch hier auf der Ausfahrt zu unserer Autobahn." Dann sagte er: Ne, er fahre nach Berlin.

Ja, und so kam ich '79 hier an. Und vier Tage später hatte ich Arbeit. Ich hatte Arbeit, aber drei Jahre keine Wohnung. Da hab ich bei dem Kanal da vorne unter den Bäumen da bei den Obdachlosen mich einquartiert, indem ich da hingegangen bin: „Leute, ich bin neu hier, ja, ihr müsst jetzt irgendwie auf mich aufpassen." Und die haben gleich den Deal mit mir gemacht: „Okay, hast du Geld? Gibst du uns was?" Und ich bin den Deal auch eingegangen, weil ich fühlte mich da geschützt. Na ja, und da hab ich dann drei Jahre gelebt.

Dann hab ich eine Oma kennengelernt, in der Gräfestraße hier in Berlin, und die hat mich immer abgefangen, weil die merkte, ich bin sehr freundlich. Dann hab ich ihr ihre Taschen – damals hab ich noch nicht mal einen Rollstuhl gebraucht – nach Hause gebracht. Und das hab ich gute drei Jahre gemacht. Und eines Tages traf ich die Frau nicht mehr. Die hat normalerweise immer an der Brücke nach der Arbeit auf mich gewartet und sich von mir die Tasche bis vor die Wohnungstür tragen lassen.

Und dann hörte ich aus ihrer Wohnung Laute und Unruhe, und ich habe mich dann halt beim Amt beschwert, dass doch mal da jemand gucken muss. „Die Frau sehe ich schon seit ewig nicht mehr. Ich weiß, dass sie niemanden hat. Ihr müsst da mal aufmachen." Dann das Amt zu mir: „Ne, wir machen nicht auf." Dann sag ich: „Okay, dann wende ich mich an die Medien. Ihr müsst da aufmachen, weil die Tiere da drinnen jaulen. Ich denke, die sind am Verhungern." Ja, dann haben die aufgemacht, und da lag die Frau da, tot. Und die Tiere hatten sie so ein bisschen angenagt, weil die ewig nichts zum Fressen hatten.

Dann bin ich zu dem Hausbesitzer, dem die Wohnung gehörte: „Wie sieht es denn aus? Kann ich die Wohnung mieten?" Da sagte er zu mir: „Ja, können sie, aber sie müssen dafür sorgen, dass die Tiere rauskommen. Sie müssen dafür sorgen, dass die Wohnung sauber gemacht wird." Dann hab ich von meinem Gehalt, was ich die ganzen Jahre angespart habe, die ganze Wohnung clean gemacht.

Ich habe nur darauf bestanden, dass ein Tierfänger kommt und die Tiere holt, weil ich hatte damals nicht so eine gute Beziehung zu Tieren. Und dann haben sie die Tiere abgeholt. Ich habe die ganze Wohnung, ohne einen Vertrag in der Tasche zu haben, desinfizieren lassen vom Kammerjäger. Ich hab alles selber renoviert. Ich hab die ganzen Fußbodenarbeiten gemacht.

Und dann sagte der Vermieter ganz frech: „Nö, das haben Sie schön gemacht, aber Sie kriegen keinen Vertrag." Da ging ich zu den Behörden, habe dem Wohnungsamt hier in Berlin Bescheid gesagt. Das kann's ja wohl nicht sein. Und dann fragten Sie mich: „Haben Sie irgendwelche Quittungen oder sonst was?" Dann sagte ich: „Die hab ich alle." Und das war mein Glück, dass ich die aufgehoben hatte. Jeden Nagel, alles hatte ich dokumentiert. Das hab ich denen hingelegt. Und daraufhin wurde er verpflichtet, mir die Wohnung zu geben, und so hatte ich dann das erste Mal in der Gräfestraße eine Wohnung. Da habe ich 33 Jahre drin gelebt, und dann hab ich geguckt, dass ich hier in diese Wohnung, wo wir jetzt das Interview hier machen, dass ich diese Wohnung hier bekommen habe.

So wie es jetzt ist, fühle ich mich hier super wohl. Und ich zahle jetzt für diese Wohnung 336 von meiner Rente – 760 – und fühle mich hier wohl. Und hier werde ich auch sterben in dieser Wohnung. Es sei denn, dass irgendeine Krankheit kommt oder so. Und ich dann in einer Klinik oder sonst was verende. Aber ich gehe hier jetzt nicht mehr raus.

Sonst bin ich draußen, weil ich gerne Begegnungen hab. Und Begegnungen heißt nicht nur Menschen. Begegnungen heißt, da oben sitzt grad der Vogel Rudin mit seiner Freundin auf dem Fernsehmast oder was das da ist. Alleine schon wegen den beiden muss ich morgens aufstehen und raus, um sie einfach zu sehen. Oder Spatzen. Oder auch wenn ich dann so Kämpfe sehe. Die Natur ist ja auch heftig, wenn da so eine kleine Elster so eine riesen Nebelkrähe im Wasser ersäuft. Das ist auch Gewalt und Kriminalität.

Eigentlich stehe ich auf und schaue, was mir der Tag bringt. Ich bin nicht zielorientiert. Es sei denn, ich kriege einen Anruf: „Komm, wir treffen uns und dann lass uns losgehen." Das sind dann Termine, wo ich konkret losgehe. Aber normalerweise sieht mein

Tag so aus: Ich werde wach und guck, was kommt. Meistens fahre ich raus, guck mir die Welt an. Und denk: „Ach, wie schön", oder: „Es ist kalt", oder: „Es ist nicht kalt", „Es regnet", und das alles macht mir nichts aus, diese Witterungen.

2002 wurde dieses Nachbarschaftshaus in der Düttmannsiedlung ins Leben gerufen. Und da halte ich mich auch sehr oft auf, weil ich da einfach mit vielen Menschen noch schneller zusammenkomme, als wenn ich jetzt hier in Berlin alleine rumfahre. Weil da sind sie auf einem Block und vor allem alle Nationen, nicht nur Deutsche, sondern da ist alles gemischt. Und dieses Kultimulti ist eben das, was mich sehr häufig dahin zieht.

Omid Jafari
Platzspitzpark, Zürich

„WENN ICH ARBEITSKLEIDUNG TRAGE, WERDE ICH VON DEN POLIZISTEN BEGRÜSST."

Ich heiße Omid und wurde 1999 in Iran geboren und bin dort aufgewachsen. Ich bin Afghane und gehöre zur ethnischen Minderheit der Hazara. Mein Vater hatte in den 1980er Jahren Afghanistan nach dem Einmarsch der Sowjets verlassen und in den 1990er Jahren in Iran meine Mutter geheiratet. Sie ist auch eine Hazara.

Vor meiner Flucht lebte ich mit meinen Eltern, zwei Schwestern und einem Bruder in Karaj, das ist ein Vorort von Teheran. Mein Bruder, mein Vater und ich arbeiteten als Bauarbeiter, um den Lebensunterhalt der Familie zu sichern. Doch die Situation in Iran war für mich unerträglich. Ich musste die schlimmsten Arbeiten annehmen und wurde stets erniedrigt. „Afghani" oder „Afghanizag" (*persisch: afghanischer Hund*) sind Standardschimpfwörter im Iran, und ich musste sie mir täglich anhören.

Ich führte tatsächlich ein Leben wie ein Hund. Ich habe Tag und Nacht geschuftet, um meine Eltern und Geschwister zu ernähren. Die Afghanen haben überhaupt keine Rechte im Iran. Wir waren nicht einmal als Bürger zweiter Klasse anerkannt.

Des Öfteren verlangte ich von meinem Vater, dass wir alle wieder nach Afghanistan zurückkehren. Aber er antwortete: „Wohin sollen wir gehen? Siehst du nicht, wie die Lage in Afghanistan ist?"

Es gab Momente, in denen ich mir von Gott den Tod wünschte. Ich fragte Gott, was das für ein Leben ist, das ich führte. Warum wurde ausgerechnet mein Land so zerstört, dass ich nicht mehr dorthin zurückkehren kann? Deswegen kam ich nach Europa. Aber ich wusste nicht, was mich unterwegs erwarten würde.

Die Strecke bis zur türkischen Grenze mussten wir zu viert im Kofferraum eines Autos zurücklegen. Von Teheran bis Maku. Das ist eine achtstündige Fahrt. Nicht einmal Tiere transportiert man so. In Maku angekommen, brachten uns die Schlepper in einem Kuhstall unter. Der ganze Boden war bedeckt mit Fäkalien. Wir waren fünfundzwanzig Flüchtlinge und mussten mehr als vierundzwanzig Stunden lang im Stehen warten, bis die Schlepper uns mit einem Auto zur türkischen Grenze brachten. Danach mussten wir einen zwölfstündigen Marsch zu Fuß über die Berge zurücklegen. Mit brutalen Schleppern, die bewaffnet auf ihren Pferden saßen und drohten, uns zu erschießen, wenn wir zu langsam gingen. Sie sagten: „Entweder stirbst du hier, oder du gehst schneller."

Dann kamen wir zum Meer. Jeder von uns musste 1500 Dollar für die Überfahrt bezahlen.

Es sah nicht so weit aus, doch sobald du im Boot sitzst, betest und zitterst du nur noch, bis du endlich drüben ankommst.

Die Schlepper sagten, dass einer von uns Flüchtlingen das Boot als Kapitän führen müsse. Derjenige, der die Verantwortung übernahm, war aber sehr unerfahren. Es gab hohe Wellen und starken Wind. Und als mitten im Meer die Wellen das Boot trafen, bekam das Boot einen Riss. Ich saß neben dem „Kapitän", deshalb sah ich, wie er mit seinem Fuß versuchte, das Loch zu verdecken. Unter seinem Fuß floss das Wasser langsam ins Boot. Ich weinte nur und begann mit bloßen Händen das Wasser aus dem Boot zu schöpfen. Ich dachte, dass wir alle sterben würden. Dann begannen auch andere Flüchtlinge mit ihren Schuhen das Wasser aus dem Boot zu entfernen. Und wie durch ein göttliches Wunder kamen wir erschöpft in Griechenland an.

Am 1. November 2015 kam ich in der Schweiz an. Zuerst musste ich nach Altstätten im Kanton St. Gallen. Und zwei Tage später weiter in ein anderes Asylheim in Chiasso, wo nur Jugendliche unter achtzehn Jahren untergebracht waren. Dort wurden Röntgenbilder von uns gemacht. Nach zwei Tagen hieß es dann, dass es richtig sei, dass ich unter achtzehn Jahre alt war. Bei den meisten anderen stimmten die Angaben nicht. Sie waren älter.

In diesem Asylheim konnte man maximal sechs Tage bleiben. Am Abend des fünften Tages gab es eine Schlägerei zwischen einer Gruppe von Afghanen und einer Gruppe von Syrern. Die beiden Gruppen wurden getrennt, und dann haben sie uns in eine Militärkaserne gebracht, irgendwo in den Bergen in der Nähe von Luzern. Zwei Tage war ich dort. Am Mittag des zweiten Tages gab es wieder eine riesige Schlägerei. Das Problem war, dass unser Verständnis ganz unterschiedlich war. Wir sind Afghanen, aber wir sind in Iran geboren. Das heißt, wir kamen nicht aus dem Krieg. Aber die Syrer kamen direkt aus dem Krieg. Deswegen waren sie so aggressiv. Sie bedrohten uns mit ihren Messern und schlugen uns. Da mussten wir halt zurückschlagen. Als wir dann in einem Polizeiauto nach Yverdon abgeführt wurden, hatten wir große Angst, dass wir nach Afghanistan zurückgeschafft werden. Doch die Polizisten sagten uns: „Keine Angst, wir werden euch nicht heimschicken. Aber ihr müsst in ein anderes Heim." Um halb eins in der Nacht sind wir dann in Yverdon angekommen. Zum Asylheim hätten wir drei Stunden den Berg hinaufgehen müssen. Wir wussten nicht, was tun. Niemand verstand uns, wir hatten kein Geld und kein Essen. Und dann, plötzlich, um halb eins nachts, liefen wir einem Afghanen über den Weg: „Hey Bruder, Salam aleikum! Ja, kommen sie zu mir, kommen sie!" Dann waren wir bei diesem Mann. Er war ein sehr guter Mann, wirklich. Er hat schnell ein warmes Essen für uns zubereitet. Spaghetti. Und dann hatten wir einen gemütlichen Abend bei ihm. Und am nächsten Morgen bereitete er uns ein Frühstück vor und zeigte uns danach den richtigen Bus zum Asylheim, wo wir dann zwei Monate blieben.

Diese zwei Monate waren die schlimmste Zeit. Es war wie im Gefängnis. Stell dir vor, wenn du einen Monat in einem Raum bist und nicht raus darfst. Wir waren 250, 280 Leute, und es gab fast jeden Tag eine Schlägerei. Nach zwei Wochen sagte ich: „Herzlich Willkommen in der Hölle!"

Es gab so viele afghanische Jugendliche. Sie waren alle wie Kinder, vierzehn, fünfzehn Jahre alt. Und dann gaben sie uns endlich ein Zimmer, damit wir unter uns sein konnten. Das war Zimmer 203, das vergesse ich nie. Weil das war das coolste Zimmer. Das geilste Zimmer. Darin waren wir 85 Leute. Es war eigentlich eine Halle. Halle 203. Und dort waren nur Afghanen. Wir haben jeden Abend getanzt und gespielt. Sogar Fußball konnten wir dort spielen.

Danach kam ich direkt in ein Asylheim in Winterthur. Und dort war es einfach mega cool. Die Mitarbeiter waren sehr nett. Ich war endlich in der Stadt. Endlich sah ich Menschen, ah! Weil bis dort habe ich keine Frauen gesehen. In Yverdon gab es nur Männer. Und nur Leute, die als aggressiv galten. In Winterthur waren wir dann gemischt. Es war sehr schön.

Als ich in Winterthur ankam, ging ich direkt zur Schule. Und eineinhalb Monate später begann ich, zu den Pfadfindern zu gehen. In der Anfangszeit in Winterthur habe ich auch einen Flüchtlings-chor besucht. Dort habe ich eine Familie kennengelernt, die mich seither sehr unterstützt. Eines Tages kamen sie im Chor auf mich zu. Ich war erst fünf Monate in der Schweiz und hatte nur ein paar Sätze auf YouTube auswendig gelernt. Ich habe nur diese paar Sätze gesprochen. Aber sie fanden mich lustig und haben mit mir geredet. Ich wusste damals nicht, dass sie so reich waren. Im Gegenteil, ich dachte: „Die Armen, haben sie niemanden, sodass sie wie Flücht-linge in den Chor kommen müssen?" Ich schwöre, so habe ich ge-dacht! Deswegen dachte ich: „Okay, dann rede ich ein bisschen mit ihnen." Und dann, plötzlich, am letzten Tag des Chors, sind sie zu mir gekommen und haben mir 100 Franken gegeben. Ich dachte: „Was ist das?" Sie luden mich auf ein Schiff ein, von Zürich nach Rapperswil.

Jetzt sehen wir uns alle ein, zwei Wochen. Jeden Geburtstag besuchen sie mich und bringen mir Geschenke. Und einmal im Jahr gibt es einen Familienausflug. Sie wollten mich sogar aufnehmen, aber es ging leider nicht, weil ich schon über achtzehn Jahre alt war. Und adoptieren dürfen sie mich auch nicht, weil meine Eltern noch leben. Das hat also nicht geklappt, aber ich brauche eigentlich keine neuen Eltern. Ich habe schon welche, das reicht mir.

In der ersten Zeit in der Schweiz war es mein allergrößtes Problem, dass ich meine Familie vermisste und Heimweh hatte. Ich war noch nie so weit weg gewesen von meiner Familie. Ich unter-schrieb sogar ein Papier, dass ich zurückwollte. Aber es war nicht gültig, weil ich damals noch unter achtzehn war.

Nach acht Monaten in Winterthur habe ich die F-Bewilligung erhalten: „Vorläufig aufgenommen", und aufwärts ging es für mich ab Oktober 2016, als ich begann, mit Schweizer Leuten in einer WG zusammenzuwohnen. Ich habe gesehen, wie sie arbeiteten. Dass sie Freunde haben, in die Ferien fahren. Dann habe ich gedacht: „Wow, ich will auch Geld sparen, ich will auch jedes Wochenende genießen."

Jetzt mache ich gerade eine Ausbildung zum Landschafts-gärtner bei Grün Stadt Zürich. Und nächste Woche habe ich meine Lehrabschlussprüfung. Für nach der Prüfung habe ich eine neue Lehrstelle gefunden bei Gartenbau Hofmann.

Ich bin mega froh, dass ich diese Ausbildung gemacht habe. Weil ich schätze die Natur sehr. In der Natur fühle ich mich so gut. Und am Abend sehe ich, was ich gemacht habe. Ich lerne jetzt gera-de 200 Pflanzen auf Lateinisch, ihre Verwendung, worauf man ach-ten muss, so Sachen. Da bin ich mega froh.

Mit meiner Familie im Iran habe ich jede Woche Kontakt. Ich muss ihnen Geld schicken. Die Lage in Iran ist nicht gut. Besonders für meine Eltern, die als Flüchtlinge in Iran aufgewachsen sind. Als Afghane kriegst du keinen iranischen Pass, auch wenn du in Iran geboren wurdest. Das heißt, man hat einen Stempel auf der Stirn, da steht „Afghane". Fertig. Deswegen haben sie auch keine Arbeit. Momentan beschäftigt mich die Situation meiner Familie sehr. Das Geld, dass die Sozialhilfe bezahlt, ist viel zu wenig für mich und meine Familie. Deswegen will ich jetzt vielleicht statt der Garten- und Landschaftsbau-Ausbildung zuerst zwei Jahre lang voll arbei-ten und danach achtzig Prozent arbeiten und zwanzig Prozent die Ausbildung machen.

Ich bin zufrieden mit meinem Leben. Wenn du von 0 bis 10 sagst, dann hätte ich früher 0 gesagt, jetzt sag ich 10. Nein, 10 noch nicht. 10 ist, wenn du 100 Prozent arbeitest, wenn du keine Sozial-hilfe mehr brauchst, wenn du dein eigenes Geld in der Tasche hast und bezahlen kannst, was du willst. Wenn du die anderen unter-stützen kannst, wie du willst. Dann bist du bei 10. Aber jetzt gerade bin ich noch bei 6.

Jetzt würde ich nicht mehr in den Iran zurückwollen, auf gar keinen Fall. Nicht einmal meinen Feinden wünsche ich, dass sie wieder zurück in den Iran müssen.

Ich bin immer noch bei den Pfadfindern. Jeden Samstag. Ich bin dort inzwischen Leiter geworden. Ich wohne immer noch in einer WG in Wintherthur mit zwei Frauen und zwei Männern. Ich liebe Winti. Weißt du, ich kann mir nicht vorstellen, in einer ande-ren Stadt zu wohnen, ohne Scheiß. Ich könnte mir nicht vorstellen, in Zürich zu wohnen. In der Stadt Zürich arbeite ich ja. Aber nach neun Stunden pro Tag in der Stadt wünsche ich mir am Abend, dass ich schnell wegkomme.

Winti ist wie ein Dorf, oder? Fast alle kennen einander, und wenn du auf die Straße gehst, dann fühlst du dich wie zu Hause. Wenn es mir langweilig ist, gehe ich durch die Stadt. Drei, vier Stunden dauert es mindestens. Ich rede mit diesem und jenem. Den Coiffeur kenne ich zum Beispiel, im *Migrolino* kenne ich Leute, im *Cappuccino* kenne ich Leute, ich kenne so viele.

Grundsätzlich finde ich die Schweizer aber etwas kalt. Ein kleines Beispiel: Wir Afghanen sind sehr warmherzig. Wenn wir zum Beispiel eine Gruppe von fünf, sechs Leuten sind, und ich habe etwas zum Essen dabei, dann bediene ich zuerst alle anderen, bevor ich selber esse. Aber die Schweizer machen das nicht. Es kann sein, dass die Erwachsenen es tun, aber die Jugendlichen nicht. Die Freundschaften sind hier nicht so tief, man lebt oberflächlich, redet oberflächlich miteinander. Niemand weiß, ob etwas ernst gemeint ist oder nicht. Es hat lange gedauert, bis ich überhaupt Freundschaften schließen konnte. Jetzt habe ich hier gute Freunde, aber trotzdem werden sie für mich nie wie afghanische Freunde sein. Manchmal fühle ich mich ein wenig unwohl mit ihnen. Zum Beispiel habe ich einen Kollegen, mit dem ich seit viereinhalb Jahren befreundet bin. Wir treffen uns jede Woche, aber manchmal ist er so kalt, als ob ich ihn erst seit ein paar Stunden kennen würde. Das ist doch nicht normal! Ich schwöre! Oder zum Beispiel stehen die Schweizer manchmal herum mit ihrem Bier, aber sie sprechen nicht miteinander. Jede Kultur hat ihre Vor- und Nachteile. Jeder Mensch hat seine Vor- und Nachteile. Bei den Schweizer Freunden habe ich sehr viel Gutes gefunden, aber es gibt auch Nachteile.

Ich habe ein Tagebuch. Im Vergleich zu letztem Jahr, zu meinen Gedanken damals über die anderen und über mich selber, habe ich mich irgendwie sehr verändert. Mein Charakter, meine Gedanken, mein Verhalten haben sich verändert. Und darüber bin ich froh. Manche Sachen, die ich letztes Jahr um diese Zeit gemacht habe, worüber ich mich aufgeregt habe, finde ich jetzt lächerlich.

In der Schweiz werde ich ja oft von Passanten blöd angemacht. Früher hat mich das aufgeregt. Es hat mich traurig gemacht und sehr beschäftigt. Ich habe damals tief über die Gründe nachgedacht. Jetzt nehme ich nicht mehr so ernst, was die anderen sagen. Ich höre zu, nehme es aber nicht mehr so ernst.

THOMAS SCHÄRER (TEXT)
JÜRGEN KRUSCHE (BILDER)

CURRYBERND MACHT DIE KLAPPE ZU – FÜR IMMER

**Die letzte Currywurstbude
an der Kurfürstenstraße**

Bernd Mikeleit, für viele schlicht „Currybernd", betrieb in Berlin an der Kurfürstenstraße, Ecke Genthiner Straße ab 1974 einen Imbissstand. Ende November 2017 war Schluss. Hals über Kopf musste er seinen Wagen abschleppen. Doch geahnt hatte er es schon länger, dass die Tage seines Imbisses gezählt waren im schnell sich verändernden Kiez.

Im Sommer 2017, als Julia Weber und ich Bernd treffen, führt er weitum die einzige Currywurstbude. Früher stand fast ein Dutzend in der näheren Umgebung. „Passt nicht mehr zum Stadtbild"[1], meint Bernd lapidar. Die Essgewohnheiten ändern sich – „überall Asiaten und Döner"[2] –, die Stadt auch. Vor nicht allzu langer Zeit lag diese Ecke gleichsam im Windschatten. Die Diskothek *Sound* in der Nähe zog Nachtschwärmende und Drogensüchtige an. Die junge Frau, die unter dem Namen Christiane F. mit ihrem Buch „Wir Kinder vom Bahnhof Zoo"[3] (1978) schlagartig bekannt wurde, war eine Stammkundin. Auch nach der Wende behielt die Gegend ihren rauen Charme. Prostituierte und ihre Zuhälter kamen jetzt nicht mehr aus Deutschland, sondern aus Osteuropa. An der Kurfürstenstraße war sozialer Wohnungsbau vorgesehen, es blieb bei den Plänen. Ab 2010 brach dann ein bis heute anhaltender Bauboom aus. Private InvestorInnen begannen, letzte Flächen in der Innenstadt zu „entwickeln".[4]

Im Sommer 2017 steht südlich der Kurfürstenstraße die Eigentumsapartment-Siedlung „Carré Voltaire"[5] kurz vor der Fertigstellung. Nördlich der Straße liegt eine Brachfläche. Die Büsche darauf sind begehrt bei Prostituierten und ihren Kunden. Einige haben auf dem Gehsteig Stühle aufgestellt, sitzend lässt es sich besser warten. Eine riesige Tafel an der Straße verkündet: „Schoenegarten. Wie Architektur zum Meisterwerk wird. Eigentumswohnungen."[6]

1 Video-Gespräch des Autors mit Bernd, Berlin, 15.05.2017

2 Video-Gespräch des Autors mit Bernd, Berlin, 15.05.2017

3 Geschrieben haben das Buch hauptsächlich die Reporter der Illustrierten *Stern* Kai Hermann und Horst Rieck. In der gleichnamigen Verfilmung von Uli Edel (1981) ist Bernds Currybude wiederholt zu sehen (Minuten 100, 106 und 110). Bernd trat im Film zudem als Statist auf. Sichtbar wird auch, dass die Brachfläche damals ein Parkplatz war.

4 „Ab 2014 musste ich niemanden mehr überzeugen, dass man bauen soll. Die kritische Masse war erreicht." Sergei Tschoban, Architekt des Projekts Schoenegarten, im Gespräch mit dem Autor, Berlin, 23.05.2018. Tschoban erzählt, dass er selbst eine Wohnung in seiner Überbauung gekauft habe, dort einziehen werde und sich auf die „harten Kontraste" der Gegend und ihre raue Atmosphäre freue.

5 Bauherrin war Diamona & Harnisch, ein israelisch-deutscher Zusammenschluss einer Investmentholding und eines Berliner Entwicklers. Der Architekt Dominik Krohm (Klaus Theo Brenner Architekten) erzählt, dass die Wohnungen – am teuersten ist das

Penthouse für 6 Millionen Euro – vor allem in Fernost sehr gut verkauft werden. Er habe es immer verpasst, bei Currybernd eine Wurst zu essen. Video-Gespräch mit dem Autor, 22.05.2018
6   Die 180 Eigentumswohnungen kosten zwischen 190 000 und 1 250 000 US-Dollar, https://www.schoene-garten.com, Zugriff am 29.10.2020. Hinter der Investorengemeinschaft Lagrande stehen Finanziers vornehmlich aus Russland.
7   Berliner Bauaufsicht, Glossar, Schlagwort Bestandsschutz: „Bestandsschutz ist die rechtliche Sicherung rechtmäßig bestehender baulicher Anlagen und Nutzungen vor nachträglichen staatlichen Anforderungen. Bestehende Gebäude, die nach früher gültigem Recht rechtmäßig errichtet wurden, dürfen erhalten und weiter genutzt werden, auch wenn sie dem heute gültigen Baurecht nicht mehr entsprechen." https://www.stadtentwicklung.berlin.de/bauen/bauaufsicht/de/glossar.shtml, Zugriff am 29.10.2020
8   Schreiben des Bezirksamts Mitte an Bernd Mikeleit, März 2017, gezeichnet Daniel Haney

Es ist 11 Uhr morgens, ein beleibter Stammkunde bestellt Currywurst und Bier. Ein russischer Investor wolle ihn weghaben, erzählt Bernd, das sei doch klar. „Wenn man solche Gebäude hinstellt, will man keine Bretterbude vor sich haben." Sein Wagen steht auf öffentlichem Grund, zuständig ist das Straßen- und Grünflächenamt. Er zähle auf den „Bestandsschutz"[7] und auf die Stadt Berlin. Zwischen zwei Kunden zeigt er mir ein Schreiben des Bezirksamts Mitte. Darin informiert ihn der zuständige Beamte über die geplanten Baumaßnahmen und hält fest, dass er „einer Entfernung des Kioskes ohne konkrete Begründung nicht zustimmen"[8] werde.

Dennoch, man wolle ihn vertreiben, dessen ist sich Bernd sicher. Der Investor wolle einen Fahrradabstellplatz installieren, habe ihm die „Hygiene" (Lebensmittelaufsicht) vorbeigeschickt. Die monierte, der Sand von der Brachfläche würde in seinen Wagen wehen. Außerdem brauche er einen festen Wasseranschluss. Bernd gibt sich kämpferisch, lässt aber auch seine Müdigkeit durchblicken. Den ganzen Tag stehen, bei jedem Wetter, das wird er nicht mehr lange durchhalten. Seine Öffnungszeiten hat er bereits verkürzt, um 16 Uhr macht er seine Bude dicht. Seit einigen Jahren „überwintert" er jeweils in Thailand.

Nie habe dieser Investor oder Architekt mit ihm geredet, die Kränkung ist offensichtlich. Für ein bisschen Geld aus dessen Portokasse würde er ihm seinen Currywagen überlassen. „Ich bin seit über 40 Jahren hier, nun ist plötzlich der Gehweg zu schmal. Es ist alles so hintenrum mit dem Russen. Kein Gespräch […], Geld regiert die Welt."

Im Sommer 2018 sehen wir uns wieder. Wo einst Bernds Imbiss stand, erhebt sich jetzt ein Bauzaun, darauf große

Visualisierungen der künftigen Wohnungen: gehobener Ausbaustandard. Bernd erzählt.[9] Im November 2017 habe er einen Brief der Bauherrschaft erhalten, mit dem Bescheid, wenn er seinen Imbiss nicht abbauen würde, würde der Bauzaun davorgesetzt. Der Bestandsschutz sei aufgehoben.

9 Video-Gespräch mit „Currybernd", Berlin, 28.08.2018

Für einen neuen Wagen an einem anderen Ort hätte Bernd 40 000 Euro investieren müssen – keine Option. Sein Freund „Blumen-Rudi" half ihm, den Imbiss abzubauen. Der Wagen fand an einem See im Norden Berlins eine neue Bleibe und einen neuen Besitzer.

Wir sitzen auf einer Bank an der Kurfürstenstraße gegenüber dem Zaun, wo früher seine Bude stand. Bernd ist jetzt Rentner. Seine Wohnung in Berlin hat er aufgegeben, er wohnt in seiner Datscha eine Stunde nördlich von Berlin. Es scheint ihm nicht schlecht zu gehen. Eine Dame spricht ihn an:

„Wo waren Sie?"
„Weg, fertig."
„Ich vermisse ihre Würste!"

Bernd konnte sich nur von einem Bruchteil seiner Kundschaft verabschieden. Deshalb mieteten wir im Oktober 2019 für einen Tag einen Grill und stellten diesen vor dem Getränkemarkt Hoffmann auf. Auf einem großen TV-Monitor im Markt spielten wir Videoaufnahmen ab, die im Rahmen unserer Recherche entstanden waren und Currybernd unter anderem an seinem alten Standplatz zeigten, vor seiner Vertreibung. Auf dem Bauzaun vor dem fast fertigen Gebäude, genau dort, wo der Imbiss früher stand, brachten wir eine große, auf eine Plane gedruckte Fotografie seiner ehemaligen Bude an, und an einer Schnur einen Stift. Er wurde eifrig benutzt, gegen Abend bedeckten Botschaften und Grüße an Bernd das ganze Bild.

10 Wir zeigten im Getränkemarkt nicht nur Videomaterial zu Bernd, sondern auch das Porträt des Flaschensammlers Josh, abrufbar im Beitrag von Aya Domenig.

11 Dieses Vorgehen wählten wir zwei Tage später auch in der Düttmansiedlung in Berlin-Kreuzberg. Im „Dütti-Treff", einem Quartiercafé, zeigten wir drei Porträts von Menschen, die in dieser Siedlung leben oder verkehren. Im Anschluss entspann sich im Publikum eine lebhafte Diskussion über Fremd- und Eigenbilder, (fehlenden) Dialog, Zugehörigkeit und Ausgrenzung. Zwei der drei Porträts, „Christian" und „Helga", sind im Beitrag von Aya Domenig abrufbar.

Dies war der letzte Akt sowohl in Currybernds Imbissbudenleben als auch unseres Forschungsprojekts. Durch das Zurückspielen von Teilergebnissen (Videos, Fotoarbeit) an den Ort ihres Entstehens (ins „Feld") entstand eine weitere prozessorientierte Forschungssituation. Zahlreiche Gespräche bei einem Bier am Grill, die Kommentare auf der Fotoplane, das gemeinsame Betrachten der Videos[10] im Getränkemarkt, all diese Aktivitäten, die vom Mittag bis in den Abend hinein stattfanden, bereicherten und differenzierten unsere Sicht. Wir präsentierten unsere ProtagonistInnen nicht nur, wir traten mit ihnen und einem Publikum in einen Austausch über unsere Repräsentation ihrer Persönlichkeit und der sie beschäftigenden Themen.[11] Die nächsten acht Seiten versuchen einen Eindruck dieses „Events" zu vermitteln.

Flyer zur Aktion „CURRYBERND ist wieder da!", Gestaltung: Julia Weber

...AS HERE
TK
10.10.2019
Bernd, Berlin ve...
Aus einer e...
einer Frea...
Krille –
gute – ...
Alles
Vom
...ER...

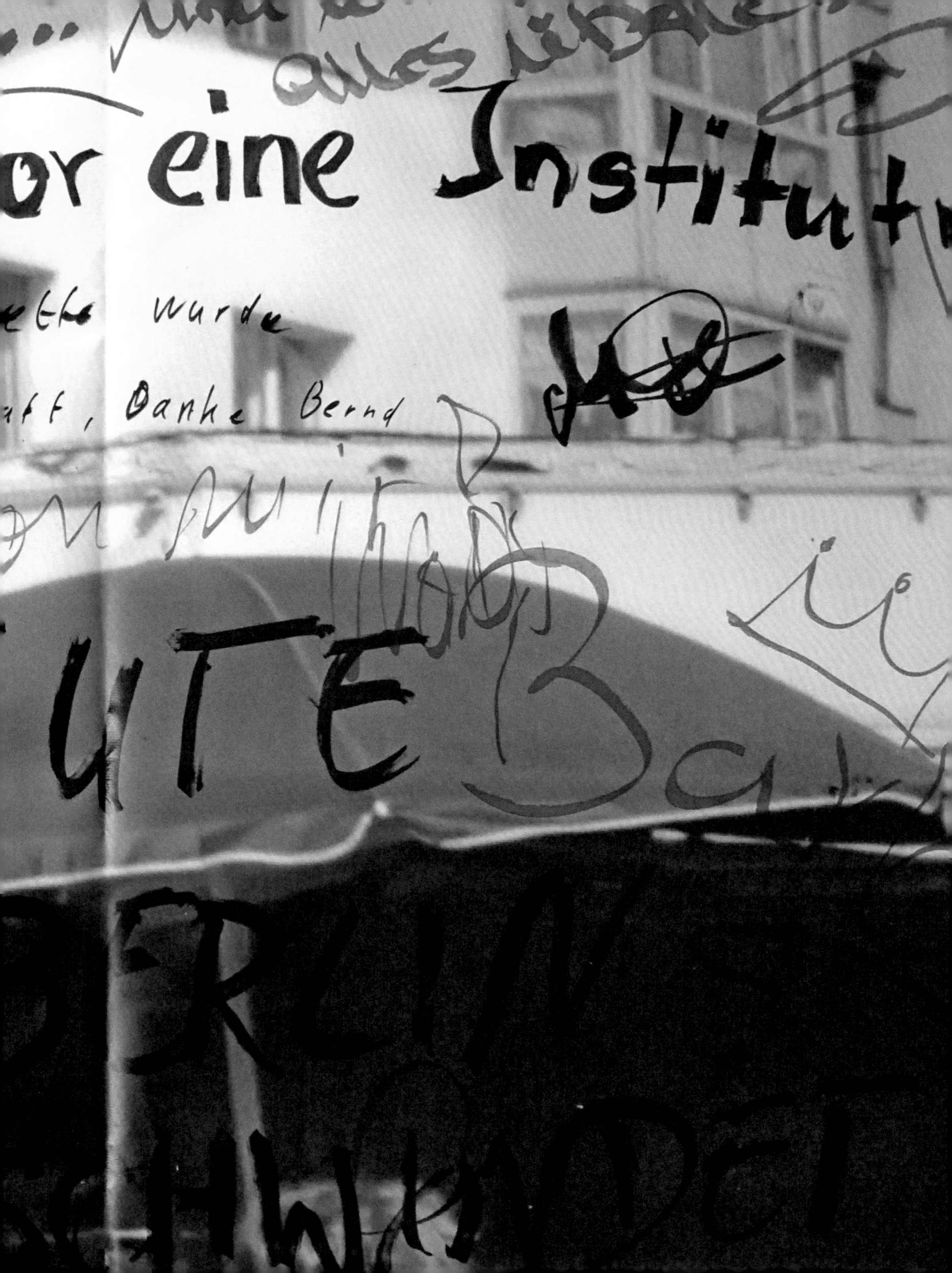
or eine Institut
wurde
Danke Bernd
UTE

links:
Videoinstallation
im Getränkemarkt
Hoffmann mit
zwei Videos von
Aya Domenig

rechts:
Großplakat mit
einer Abbildung
der Imbissbude von
Currybernd (2017)
von Jürgen Krusche,
installiert am Bauzaun

vorige Doppelseite:
Detail aus Großplakat
mit Kommentaren

Schaade!!!!
Es war eine
schöne Zeit. die
ich in meinen Herzen
immer mit mir
tragen werde.
In ewiger Erinnerung
Denise E.
23

links:
Detail aus Großplakat

rechts:
Situation mit
Currybernd und Gästen
vor dem Getränkemarkt
Hoffmann

links:
mit Currybernd und
Gästen vor dem
Getränkemarkt
Hoffmann

rechts:
Detail aus Großplakat

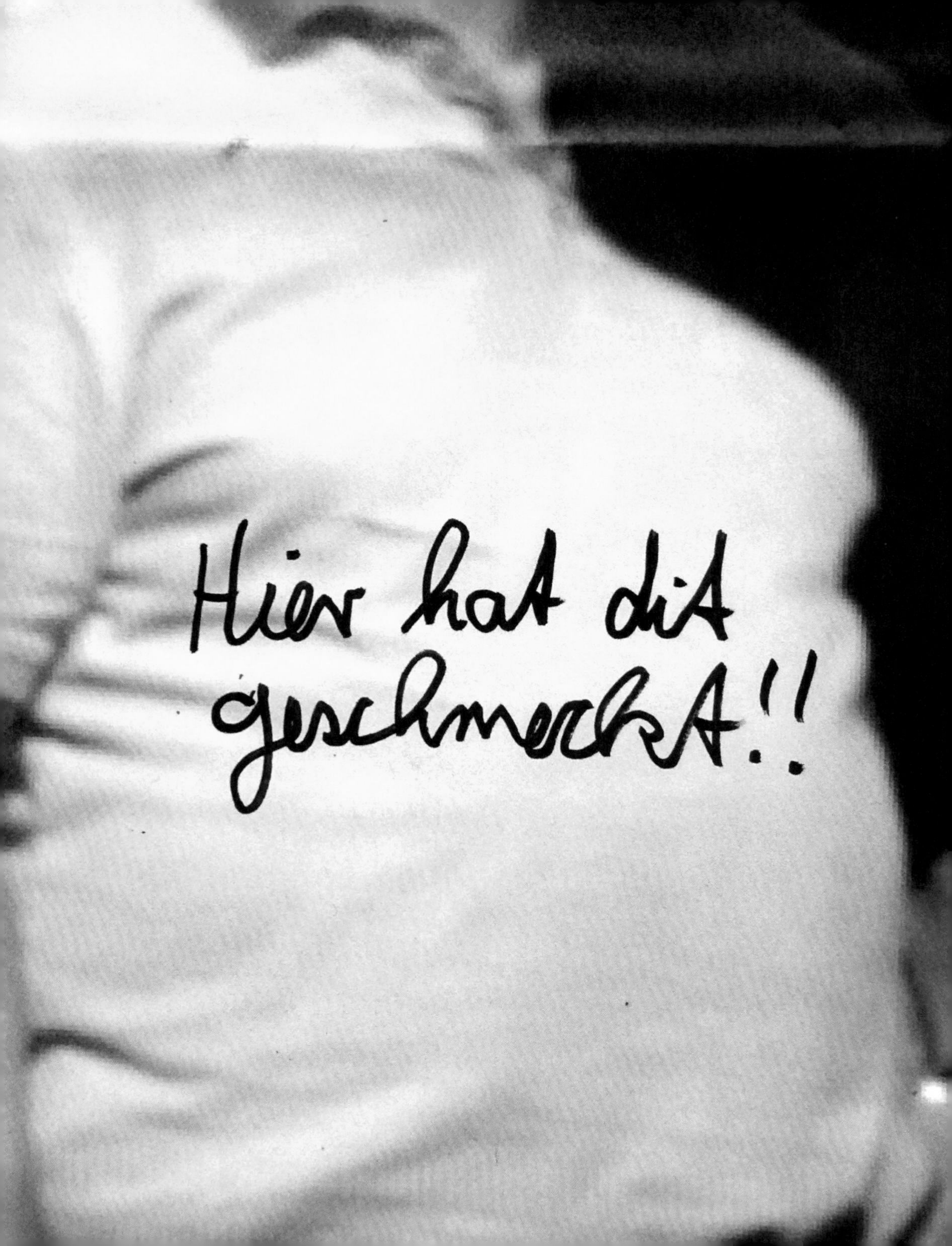
Hier hat dit geschmeckt!!

Jürgen Krusche

ist Künstler und Stadtforscher, lebt und arbeitet in Zürich und Hannover. Seit 2001 ist er an der Zürcher Hochschule der Künste (ZHdK), dort seit 2011 am Institut für Gegenwartskunst (IFCAR) tätig. Seine Forschungs-, Publikations- und Lehrtätigkeiten siedeln sich im Bereich der künstlerisch-ethnografischen Stadtforschung an. Ein besonderer Fokus liegt hierbei auf dem Thema der „Offenen Stadt". Weitere Arbeitsfelder sind bildbasierte Forschungsmethoden sowie der Vergleich zwischen ostasiatischen und westlichen Stadt- und Raumkonzepten. Krusche arbeitete unter anderem in Tokyo und Shanghai, Berlin und Belgrad, zuletzt an einem Projekt in Hongkong (www.shamshuipo-deepwater.com).
    Jüngste Publikationen:
Krusche, Jürgen/King Chung, Siu (Hg.) (2018): Deep Water. Public Spaces in Sham Shui Po, Hong Kong, MCCM Creations, Hong Kong, https://www.mccmcreations.com/product-page/deep-water
Krusche, Jürgen (Hg.) (2017): Die Ambivalente Stadt. Gegenwart und Zukunft des öffentlichen Raums, JOVIS Verlag, Berlin, www.jovis.de/de/buecher/details/product/die_ambivalente_stadt.html

Aya Domenig

studierte an der Universität Zürich visuelle Anthropologie, Filmwissenschaft und Japanologie. Anschließend absolvierte sie an der Zürcher Hochschule der Künste (ZHdK) ein Studium der Filmregie. Ihr Diplomfilm Haru Ichiban („Frühlingssturm", fiktionaler Kurzfilm) wurde auf diversen internationalen Filmfestivals aufgeführt und beim Filmfestival Premier Plans in Angers mit dem Prix CinéCinéma ausgezeichnet. 2015 feierte ihr erster langer Kinodokumentarfilm Als die Sonne vom Himmel fiel Weltpremiere auf dem 68. Internationalen Filmfestival von Locarno (Semaine de la Critique). Der Film gewann den Schweizer Filmpreis 2016 für „Beste Filmmusik" und war zudem in der Kategorie „Bester Dokumentarfilm" nominiert. Seit Abschluss ihres Regiestudiums arbeitet Aya Domenig als Regisseurin, Cutterin, Filmproduzentin, Mentorin und wissenschaftliche Mitarbeiterin in interdisziplinären Forschungsprojekten.

Johanna Rolshoven

ist Kulturwissenschaftlerin und seit 2009 Professorin am Institut für Kulturanthropologie der Universität Graz (https://homepage.uni-graz.at/de/johanna.rolshoven). Mit Schwerpunkten in der Stadtforschung, der politischen Anthropologie, den Mobile Culture Studies sowie den Culture Studies in Architecture erforscht sie global und postkolonial induzierte gesellschaftliche Transformationsprozesse in ihren Auswirkungen auf die dynamischen Räume, die sich zwischen Lebenswelten, ungleich strukturierter Gesellschaft und gebauter Umwelt aufspannen. Aktuelle Forschungsprojekte: Advancing the Value of the Humanities (www.valhuman.com), Rhythmanalysis of Mediterranean Port Cities – Revisited (https://rhythmanalysis.iacsa.eu), Hirak. Ein Ohr voll Algerien in Bewegung (Radiofeature: Link zum Nachhören).
    Jüngste Publikation:
Rolshoven, Johanna (2021): Stadt Raum Kulturanalyse. Eine Einführung in die kulturanalytische Stadtforschung. Bielefeld (Buchpublikation in Print)

Thomas Schärer

ist Historiker sowie promovierter Kultur- und Filmwissenschaftler. Er arbeitete als Journalist, als Kurator von Filmprogrammen (etwa in Locarno als Co-Leiter der Semaine de la Critique) und war Mitinitiant von Ausstellungen (unter anderem L'Histoire c'est moi, http://www.archimob.ch/f/index.html). Zudem realisiert er Kurzdokumentarfilme und initiiert seit 2003 Forschungsprojekte (z. B. Cinémémoire: Eine Oral History des Schweizer Films, https://www.zhdk.ch/forschungsprojekt/cinememoire-eine-oral-history-des-schweizer-films-426804). Seit 2009 lehrt Schärer an der Zürcher Hochschule der Künste (ZHdK) in den Departementen Kulturanalysen und Vermittlung sowie Design. Er publiziert zahlreiche kulturhistorische Artikel und filmgeschichtliche Monografien.
    Jüngste Publikationen:
Minor Cinema. Experimental Film in Switzerland (https://www.lespressesdureel.com/EN/ouvrage.php?id=7731), Gifttod, Betonwüsten, strahlende Zukunft – Umweltbewegungen und bewegte Bilder in der Schweiz, 1940–1990 (https://boris.unibe.ch/id/eprint/142141)

Julia Weber

ist Soziologin und Künstlerin. In ihren prozess- und forschungsbasierten Projekten, die sich an der Schnittstelle von Dokumentation und Fiktion, Ethnografie und Kunst ansiedeln lassen, geht sie gesellschaftlichen Paradoxien auf den Grund und experimentiert mit unterschiedlichen medialen Zugängen zur Alltagswirklichkeit (Fotografie, Text, Audio, Performance). Ihr besonderes Interesse gilt dem Wahrnehmen, Fühlen, Denken und Handeln von Menschen, welche in öffentlichen Diskursen mit eigener Stimme kaum repräsentiert sind. Aktuell verfolgt sie eine künstlerisch-ethnografische Promotion zum Thema „‚Herumlungern' als öffentliche Alltagspraxis – ,Herumlungern' als künstlerische Strategie" an der Kunstuniversität Linz. Außerdem konzipiert sie seit 2012 Community-Art-Workshops mit unterschiedlichen sozialen Gruppen.
    Jüngste Publikation:
Weber, Julia (2018): „,Loitering' in Urban Public Space – Wandering with a Street Poet in Berlin", in: WiderScreen: Kaupunkikuvitelmat ja urbaani arki – City imaginings and urban everyday life (1–2), S. 1–9

IMPRESSUM

Band 25 der Schriftenreihe des Institute for Contemporary Art Research der Zürcher Hochschule der Künste

Die Publikation wurde durch den Schweizerischen Nationalfonds (SNF) finanziell unterstützt.

Zürcher Hochschule der Künste
Zurich University of the Arts

Institute for Contemporary Art Research

Unser Dank geht an alle InterviewpartnerInnen, ExpertInnen sowie all diejenigen, die uns an ihren Erfahrungen und ihrem Wissen teilhaben ließen und in dieser Publikation unerwähnt bleiben.

Für ihre Unterstützung vor Ort danken wir insbesondere Sigmar Gude von TOPOS, Berlin, den MitarbeiterInnen von Gangway e.V. – Verein für Straßensozialarbeit, dem Quartiersmanagement der Düttmann-Siedlung sowie dem Getränkemarkt Hoffmann.

Unser Dank geht auch an Mirjam Gautschi, Mitarbeiterin im ersten Jahr des Projekts sowie an wichtige GesprächspartnerInnen: Johanna Rolshoven, Uriel Orlov, Elisabeth Bina Mohn, Franziska Nyffenegger und Mehdi Sahebi.

Fotocredits: Jürgen Krusche S. 1, 6, 14, 88 und 206
Lektorat: Katharina Freisinger
Gestaltung und Satz: Theresa Hattinger
Lithografie: Bild1Druck, Berlin
Gedruckt in der Europäischen Union

Bibliografische Information der Deutschen Nationalbibliothek
Die Deutsche Nationalbibliothek verzeichnet diese Publikation in der Deutschen Nationalbibliografie; detaillierte bibliografische Daten sind im Internet über http://dnb.d-nb.de abrufbar.

jovis Verlag GmbH
Lützowstraße 33
10785 Berlin

www.jovis.de

jovis-Bücher sind weltweit im ausgewählten Buchhandel erhältlich. Informationen zu unserem internationalen Vertrieb erhalten Sie von Ihrem Buchhändler oder unter www.jovis.de.

ISBN 978-3-86859-643-4 (Softcover)

ISBN 978-3-86859-980-0 (PDF)

ISBN 978-3-86859-940-4 (Enriched E-Book)

DOI: https://doi.org/10.1515/9783868599800